WASSERFÄLLE AN NEBLIGEN BERGHÄNGEN

DAS DICHT BEWALDETE NUGURIA-ATOLL VOR NEUIRLAND

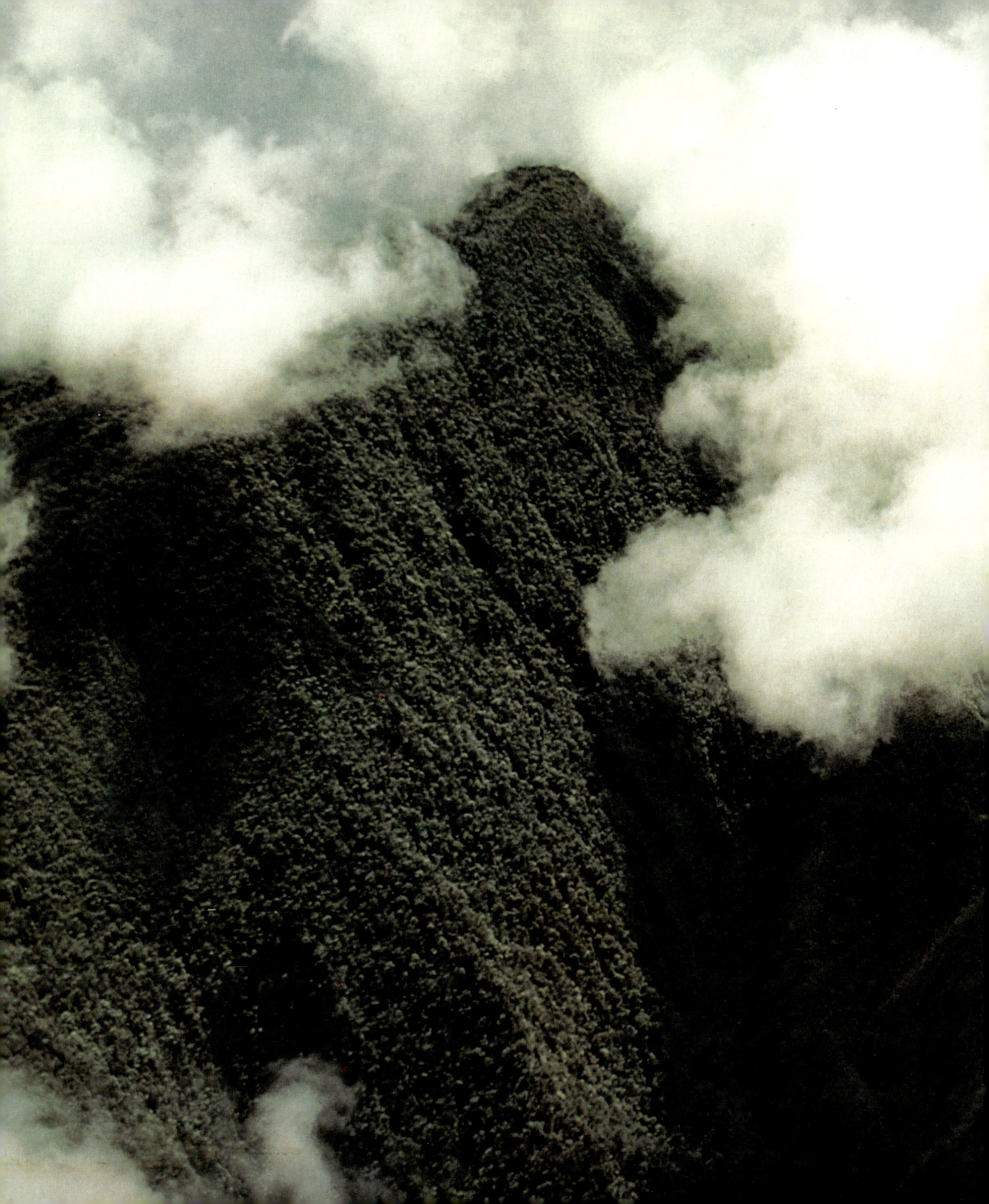

AM MOUNT KARIMUI ZIEHEN WOLKEN AUF

SONNENUNTERGANG ÜBER DEN CHAMBRI LAKES

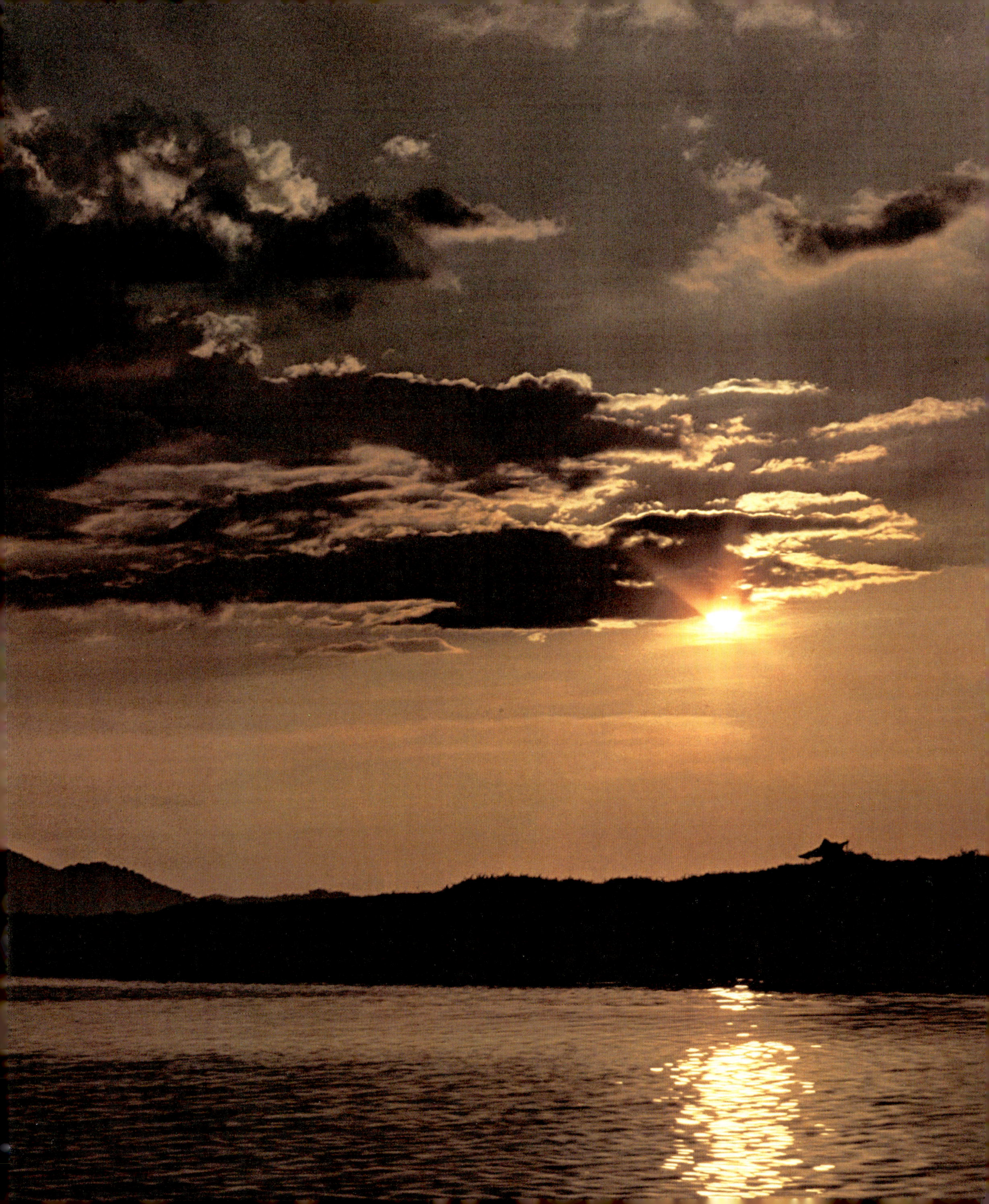

RINNEN IM KRATER DES VULKANS BAGANA AUF BOUGAINVILLE

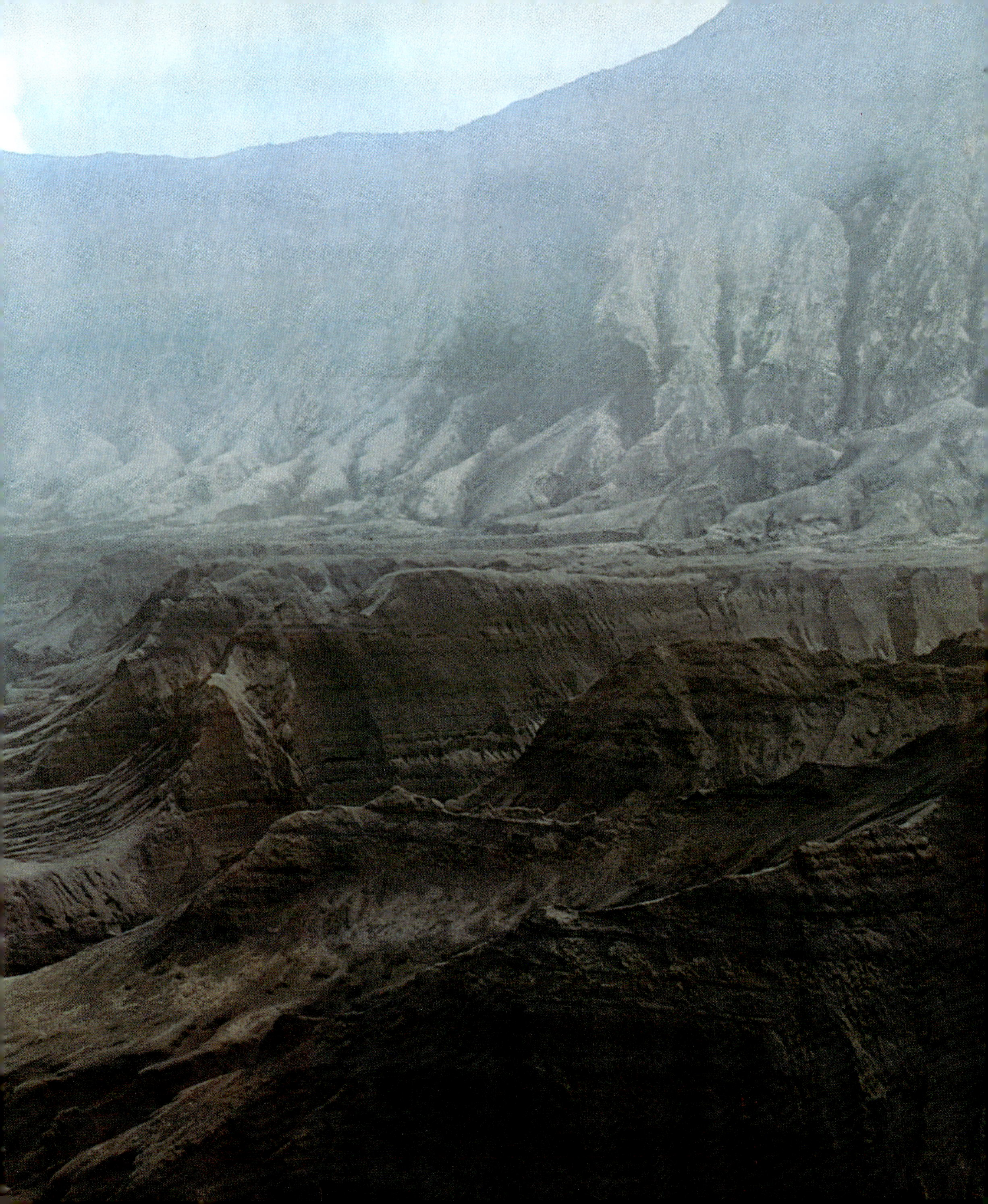

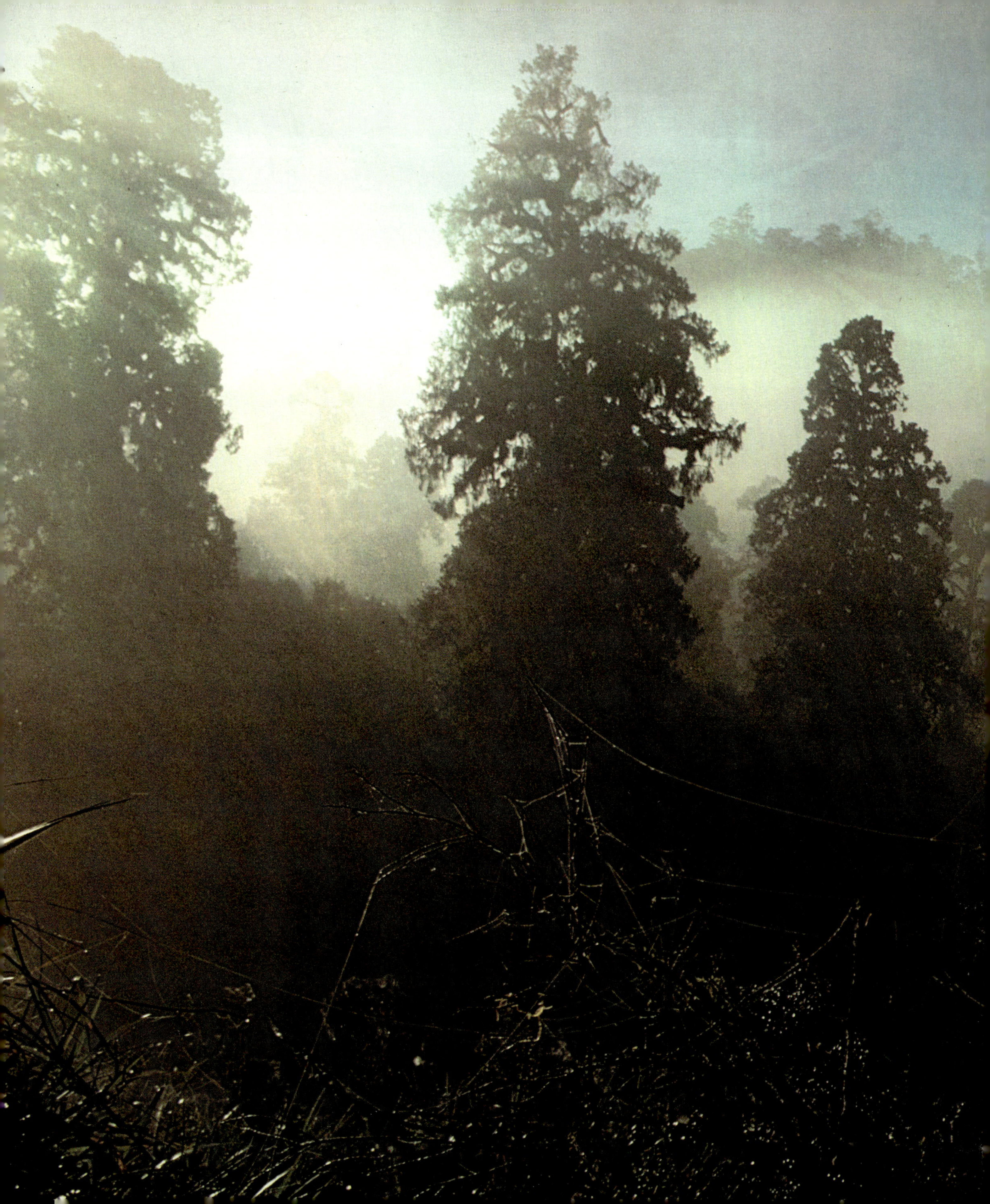

SPINNWEBEN IM NEUGUINEISCHEN REGENWALD

EIN NEBENFLUSS DES RAMU RIVER IN DICHTEM REGEN

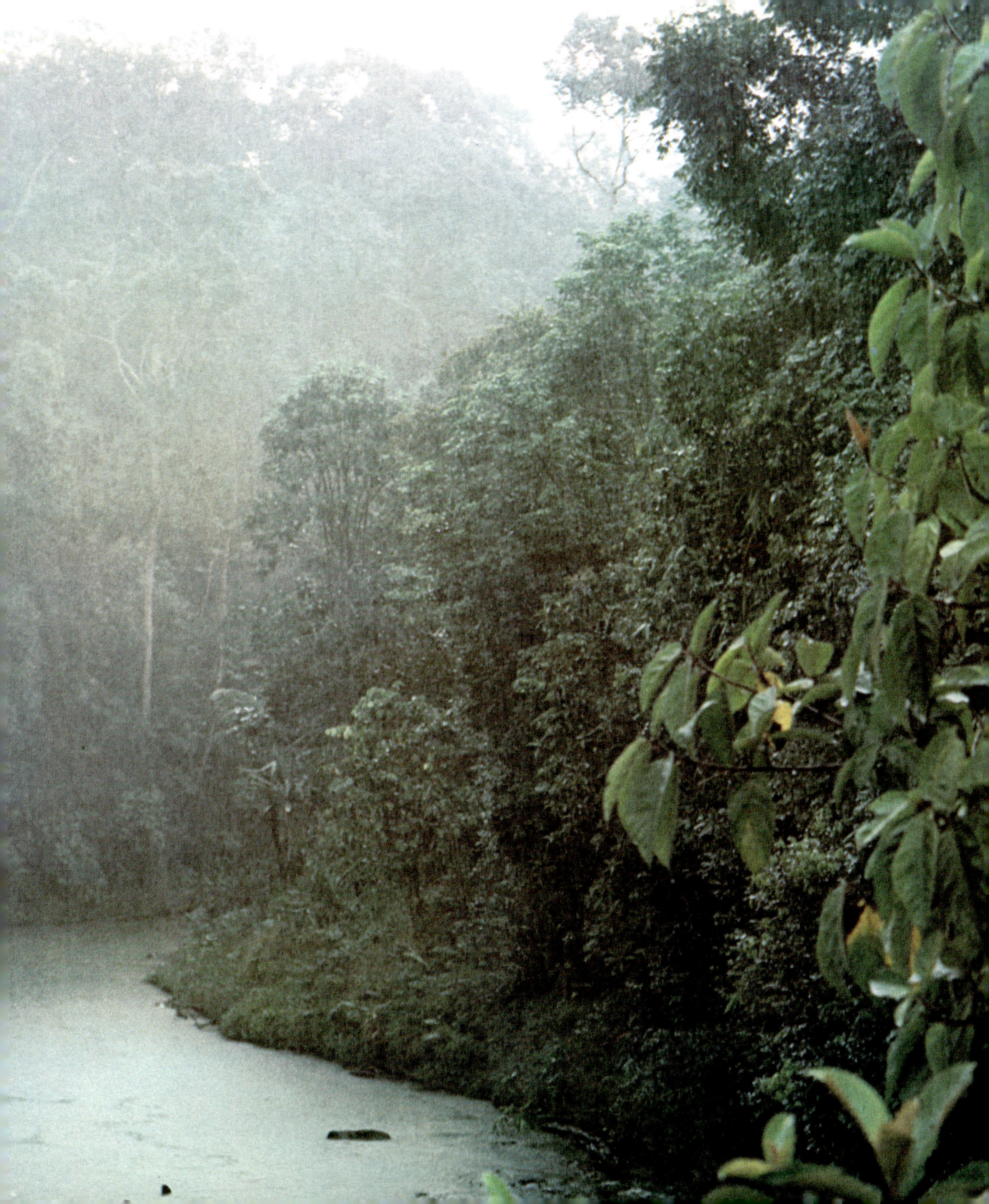

MENSCHLICHES VERHALTEN
DIE GROSSEN STÄDTE
DIE WILDNISSE DER WELT
DIE HOHE SCHULE DER HANDARBEIT
DIE FRÜHZEIT DES MENSCHEN
DIE PHOTOGRAPHIE
DIE WELT DER KUNST
INTERNATIONALE SPEISEKARTE
ZEITALTER DER MENSCHHEIT
WUNDER DER WISSENSCHAFT
WUNDER DER NATUR

NEUGUINEA

DIE WILDNISSE DER WELT/TIME-LIFE-BÜCHER/AMSTERDAM

VON ROY D. MACKAY

UND DER REDAKTION DER TIME-LIFE-BÜCHER

MIT PHOTOS VON ERIC LINDGREN

© 1976 Time-Life International (Nederland) B.V.
All rights reserved.
First Printing.

DIE WILDNISSE DER WELT

Leiter der europäischen Redaktion: Dale Brown
Redaktionsstab des Bandes *Neuguinea:*

Leitende Redakteure: Christopher Farman, Simon Rigge
Bildredaktion: Pamela Marke
Graphische Gestaltung: Louis Klein
Textredaktion: Michael Brown, Dan Freeman, Heather Sherlock
Art Director: Graham Davis
Assistentin des Art Directors: Joyce Mason
Bilddokumentation: Karin Pearce
Bildassistenten: Cathy Doxat-Pratt, Christine Hinze
Redaktionsassistentin: Elizabeth Loving
Redaktionelle Koordination: Julia West

Fachberater:
Botanik: Christopher Grey-Wilson, Phyllis Edwards
Evertebraten: Michael Tweedie
Geologie: Dr. Peter Stubbs
Herpetologie: David Ball
Ichthyologie: Alwyne Wheeler
Ornithologie: Dan Freeman
Zoologie: Dr. P.J.K. Burton

Redaktionsleitung der deutschen Ausgabe:
Hans-Heinrich Wellmann

Textredaktion: Gertraud Bellon

Fachliche Bearbeitung der deutschen Ausgabe:
Dr. Hans Strümpel und R. Strümpel

Aus dem Englischen übertragen von
Wulf Bergner

Der Autor: Roy D. Mackay ist ein Naturforscher, der fast alle Gebiete Papua-Neuguineas bereist hat. Er war früher Präparator am Australian Museum in Sydney (wo er und seine Frau Margaret im Fernsehen eine wöchentliche Serie über Wildtiere brachten) und kam nach Papua-Neuguinea, um das dortige National Museum auszubauen. Obwohl er nicht mehr für das Museum tätig ist, lebt und arbeitet er weiterhin in Port Moresby. Er ist Gründungsmitglied zweier wissenschaftlicher Gesellschaften und Verfasser von Artikeln, wissenschaftlichen Arbeiten und des Nachschlagewerks *Handlist of Birds of Port Moresby.*

Die beratenden Mitarbeiter: John S. Womersley war der erste für Papua-Neuguinea angestellte Forstwissenschaftler und lebt seit 20 Jahren in Lae im Morobe District. Er hat das ganze Land auf botanischen Exkursionen kennengelernt und das Papua New Guinea National Herbarium und den National Botanic Garden ausgebaut. In jüngster Zeit hat er an Veröffentlichungen gearbeitet, aus der eine umfassende Abhandlung *Flora of Papua New Guinea* hervorgehen könnte.

Hobart Merritt van Deusen, der die Mammalia dieses Buches überprüft hat, ist Archbold Curator Emeritus des American Museum of Natural History in New York City. Er hat als Säugetierkenner 1953 und 1959 an der vierten und sechsten Archbold Expedition nach Neuguinea teilgenommen und 1964 die siebente Expedition geleitet. Er hat viel über Neuguinea geschrieben und in zahlreichen wissenschaftlichen Gesellschaften eine einflußreiche Rolle gespielt.
Lord Medway ist der ehemalige Inhaber des Lehrstuhls für Zoologie an der University of Malaya. 1969 war er als Mitglied der Alpha Helix Expedition in Papua-Neuguinea; 1971 war er auf den Neuen Hebriden Stellvertretender Leiter der Royal Society Percy Sladen Expedition.
Peter Francis, Dozent für Geologie an der Open University, ist Spezialist für Vulkanismus und Schollentektonik.

Abbildung auf dem Einband: Im zentralen Hochland Papua-Neuguineas liegt dichter Morgennebel über Grasland und Mittelgebirgswald des Wahgi Valley. Im Hintergrund verdecken aufgetürmte Haufenwolken die Berge und kündigen eines der in Neuguinea häufigen schweren Gewitter an.

Inhalt

1 / Eine unbekannte Welt 20
Die lautlosen Killer 38
2 / Land hinter den Wolken 52
Ein ständiger Kreislauf 68
3 / Den Fly River hinab 78
Ausflug in die Wildnis / Über die Astrolabe Range 92
4 / Im Regenwald 106
Jagd in der Dämmerung 120
5 / Savanne und Sumpfland 132
Die Reise ins Märchenland 146
6 / Vulkane im Meer 154
Edelsteine des Waldes 170

Bibliographie 180
Danksagungen und Quellennachweis der Abbildungen 181
Register 182

Neuguinea: Die Osthälfte

Neuguinea, die nur wenig südlich des Äquators liegende zweitgrößte Insel der Welt, erstreckt sich wie ein gigantisches Reptil über dem Norden Australiens. Dieses Buch behandelt in erster Linie seine Osthälfte, den unabhängigen Staat Papua-Neuguinea (grünes Rechteck oben), zu dem etwa 600 vorgelagerte Inseln gehören. Die detaillierte Reliefkarte (rechts) macht deutlich, daß auf dem Festland hohe Gebirge vorherrschen, an deren Hängen es je nach Höhenlage verschiedene Klimazonen gibt. Im Tiefland und bis in etwa 1200 Meter Höhe wächst tropischer Regenwald (dunkelgrün); in der kühlen Zone zwischen 1200 und 2700 Meter folgt Mittelgebirgswald (hellgrün); bis in Höhen von etwa 3600 Meter schließt sich Nebelwald an (gelbgrün), und noch höher liegen Hochgebirgsmatten und Felsgipfel (weiß). Auf den Inseln befinden sich die zahlreichen tätigen Vulkane Papua-Neuguineas (Sternchen), die ein Beweis für die extreme geologische Labilität der Erdkruste in diesem Teil der Welt sind.

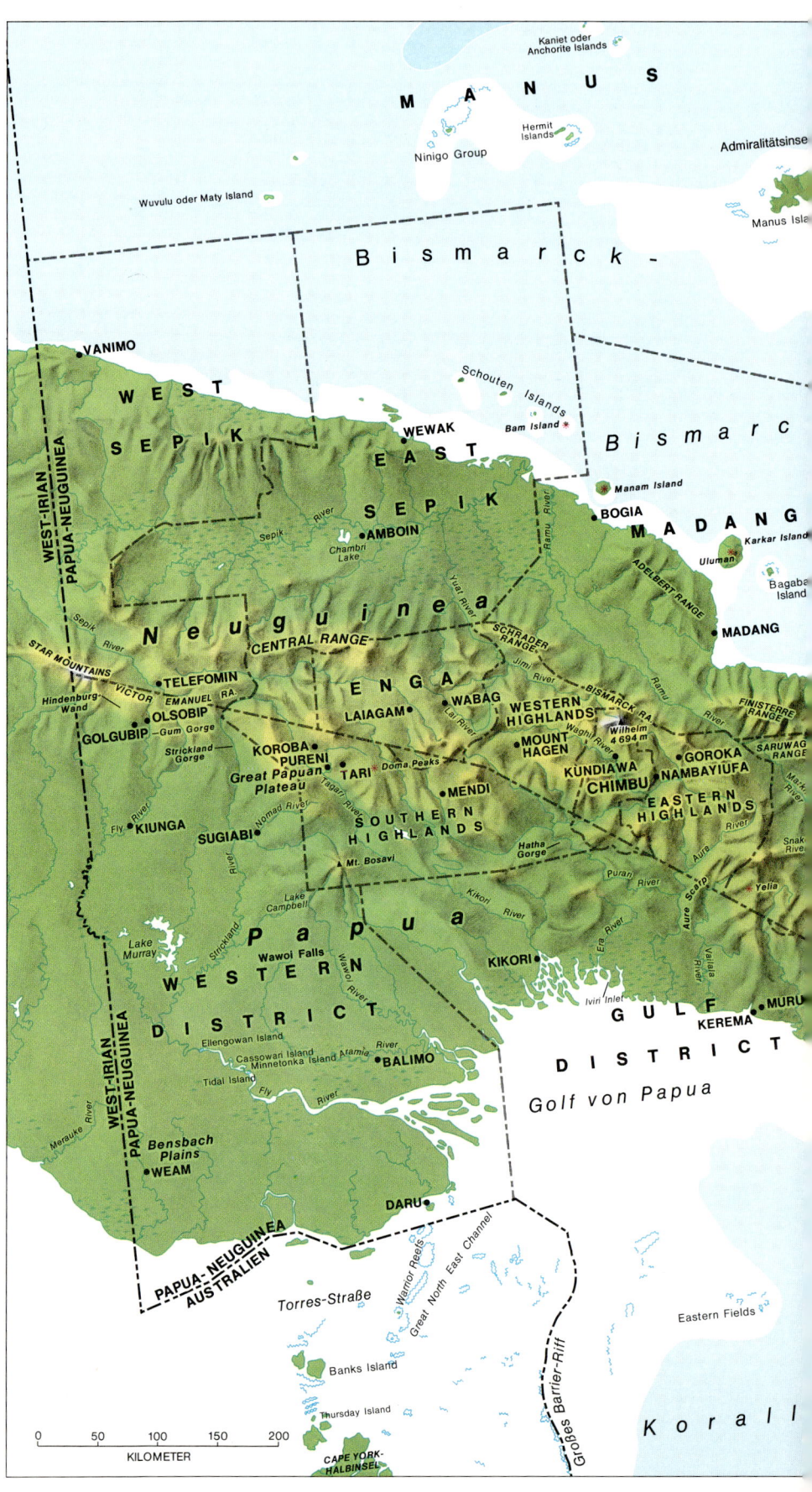

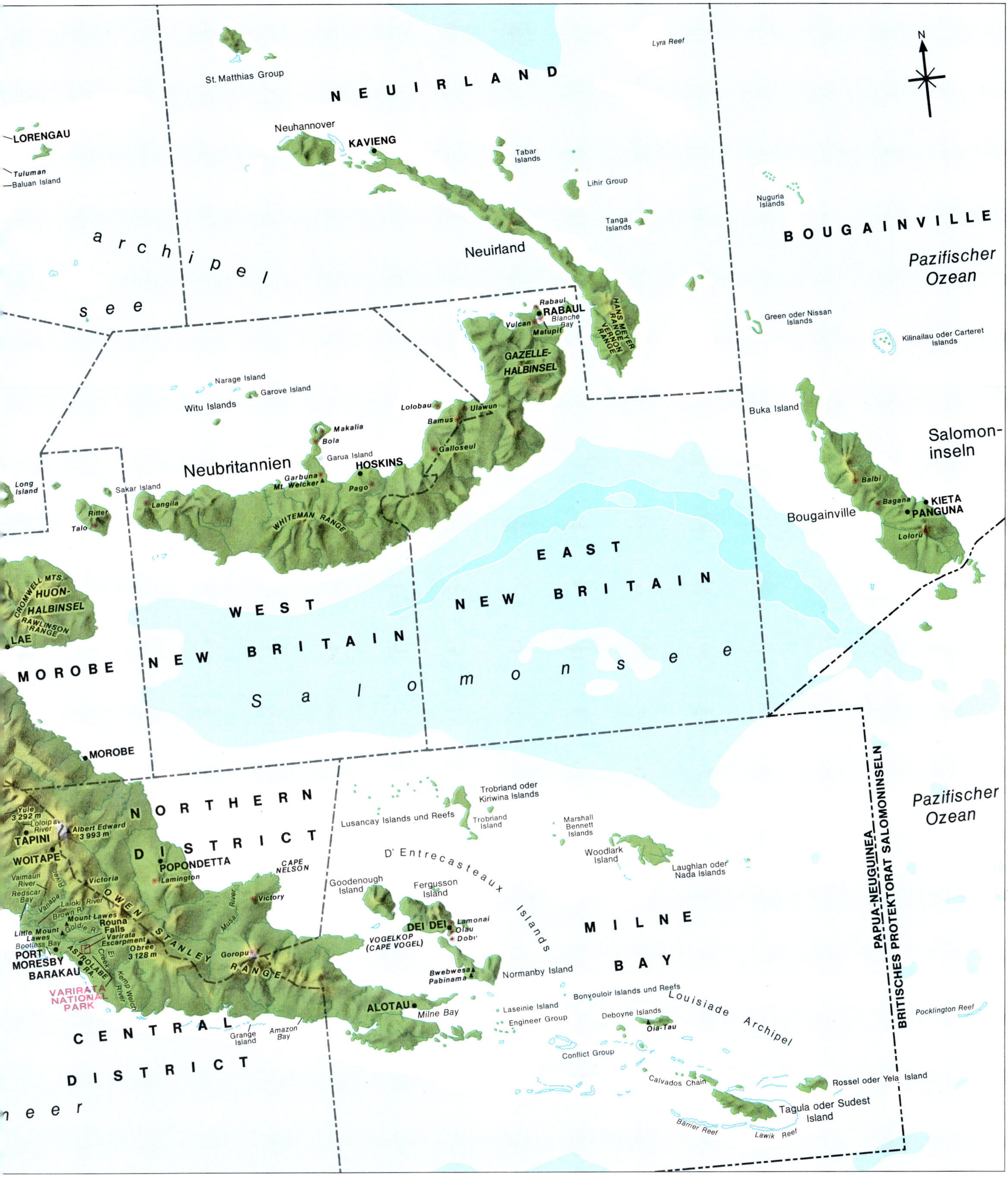
Lyra Reef
St. Matthias Group
N E U I R L A N D
LORENGAU
Tuluman
Baluan Island
Neuhannover
KAVIENG
Tabar Islands
Lihir Group
Tanga Islands
Nuguria Islands
B O U G A I N V I L L E
Pazifischer Ozean
a r c h i p e l
s e e
Neuirland
Rabaul
RABAUL
Blanche Bay
Vulcan
Matupit
GAZELLE-HALBINSEL
HANS MEYER RANGE
VERNON RANGE
Green oder Nissan Islands
Kilinailau oder Carteret Islands
Narage Island
Garove Island
Witu Islands
Lolobau
Ulawun
Bamus
Makalia
Bola
Garua Island
HOSKINS
Galloseul
Buka Island
Salomon-inseln
Balbi
Bagana
KIETA
PANGUNA
Loloru
Bougainville
Neubritannien
Garbuna
Mt. Welcker
Pago
Long Island
Sakar Island
Ritter
Talo
Langila
WHITEMAN RANGE
E A S T
N E W B R I T A I N
CROMWELL MTS.
HUON-HALBINSEL
RAWLINSON RANGE
LAE
W E S T
N E W B R I T A I N
M O R O B E
S a l o m o n s e e
MOROBE
N O R T H E R N
D I S T R I C T
Trobriand oder Kiriwina Islands
Lusancay Islands und Reefs
Trobriand Island
Marshall Bennett Islands
Woodlark Island
Laughlan oder Nada Islands
Pazifischer Ozean
PAPUA-NEUGUINEA
BRITISCHES PROTEKTORAT SALOMONINSELN
Yule 3 292 m
Loloipa River
Albert Edward 3 993 m
TAPINI
WOITAPE
POPONDETTA
CAPE NELSON
Lamington
Victoria
Vaimauri River
Redscar Bay
Vanapa
Laloki River
Brown R.
Mount Lawes
Little Mount Lawes
Goldie R.
Rouna Falls
Varirata Escarpment
Obree 3 128 m
Bootless Bay
PORT MORESBY
BARAKAU
VARIRATA NATIONAL PARK
OWEN STANLEY RANGE
ASTROLABE RA.
Musa River
Victory
Goropu
Kemp Welch River
D' Entrecasteaux Islands
Goodenough Island
Fergusson Island
DEI DEI
Lamonai
Olau
Dobu
VOGELKOP (CAPE VOGEL)
Bwebwesa
Pabinama
Normanby Island
M I L N E
B A Y
ALOTAU
Milne Bay
Bonvouloir Islands und Reefs
Laseinie Island
Engineer Group
Deboyne Islands
Oia-Tau
Louisiade Archipel
Pocklington Reef
C E N T R A L
D I S T R I C T
Grange Island
Amazon Bay
Conflict Group
Calvados Chain
Rossel oder Yela Island
Tagula oder Sudest Island
Barrier Reef
Lawik Reef
n e e r

1/ Eine unbekannte Welt

In unserer Zeit, da jeder Berg in den Alpen schon bestiegen ist und Expeditionen sogar die Gipfel des Himalaya bezwingen; da es schon fast so selbstverständlich ist, in den Rocky Mountains Büffel zu erlegen wie Moorhühner abzuschießen, erlebt man ein Gefühl großer Befriedigung, wenn man in ein noch wirklich unberührtes Land kommt, über das nur wenig bekannt ist.

REV. S. McFARLANE / *AMONG THE CANNIBALS OF NEW GUINEA*

Zu Anfang des 16. Jahrhunderts brachte eines der Schiffe des Fernando de Magellan, das von der ersten Weltumsegelung nach Spanien zurückkehrte, als Geschenk für Kaiser Karl V. die Bälge von fünf bis dahin in Europa unbekannten exotischen Vögeln mit. Das leuchtend bunt gefärbte, reich geschmückte Gefieder und die Tatsache, daß bei diesen Exemplaren – wie übrigens auch bei späteren Importen aus dem Fernen Osten – Füße und Beine fehlten, führten zu dem weit verbreiteten Trugschluß, daß sich diese Vögel nie auf der Erde niederließen und aus dem Paradies stammen müßten. So erhielten die Paradiesvögel, die vielleicht schönsten lebenden Tiere, ihren Namen, und das Europa der Neuzeit lernte Neuguinea kennen: die Heimat dieser Vögel, die zweitgrößte Insel der Erde und heute eine der ursprünglichsten letzten Wildnisse.

Die Eingeborenen Neuguineas, von denen viele Kannibalen waren, tragen die prächtig bunten Federn noch immer als Kopfschmuck; ein Brauch, der auch in Europa bald üblich wurde, nachdem die ersten Federn eingeführt worden waren. Im 19. Jahrhundert wurden jedes Jahr Zehntausende von Paradiesvogelbälgen aus Neuguinea importiert. Die meisten gelangten in elegante Modesalons in Paris, Amsterdam und London, in denen oft auch Ornithologen auf die nächste Sendung Vogelbälge warteten. Viele der seltensten Paradiesvogelarten wurden nach Exemplaren benannt und beschrieben, die an diesen seltsamen Fundorten entdeckt worden waren. Es dauerte lange, bis die Sammlermöglichkeiten besser wurden. Neuguinea war so fern, seine Gebirge und Dschungel waren so unzugänglich und seine Eingeborenen so kriegerisch, daß bis 1824 kein Naturforscher einen lebenden Paradiesvogel auf der Insel beobachten konnte. Bis heute haben nur verhältnismäßig wenige Europäer die prächtige Balz, für die das prunkvolle Gefieder des Vogels bestimmt ist, in freier Natur gesehen.

Auch in anderer Beziehung ist Neuguinea erst in jüngster Zeit mit der modernen Welt in Berührung gekommen. Vor den siebziger Jahren des letzten Jahrhunderts lebten dort noch keine Europäer. Die Annexion durch Kolonialmächte fand 1883 statt, und erst seit etwa 20 Jahren haben sich Erschließungsprojekte der westlichen Welt und die Rodung von Waldgebieten zur Gewinnung von Gartenland spürbar auf die Wildnis ausgewirkt.

Lange bevor ich nach Neuguinea kam, faszinierte mich der Gedanke, ein so wenig von der Zivilisation berührtes Gebiet kennenzulernen. Ich glaubte, eine ursprüngliche Tropeninsel mit Flüssen, Regenwald und exotischer Fauna vorzufinden, wenn es mir gelänge, dorthin zu kommen. Wie so viele vor mir interessierte ich mich besonders für die Paradiesvögel, deren Farbenpracht und Vielfalt ich erstmals in Australien kennengelernt hatte. Nach dem Zweiten Weltkrieg nahm ich eine Stellung als Präparator im Australischen Museum in Sydney an. Zu der Museumsabteilung Neuguinea, die eine der besten Sammlungen einheimischer Artefakte enthält, gehört ein Diorama mit Paradiesvögeln, die wie Edelsteine auf schwarzem Samt ausgestellt sind. Keine andere Vogelart besitzt eine so weite Skala schillernder Farben, dekorativer Schmuckfedern und bunter Hauben. Manche Paradiesvögel werden nur 15 Zentimeter groß, aber die größten – wie der Seidenband-Paradiesvogel mit seinen beiden langen weißen Schwanzfedern, die schwarze Enden haben – erreichen 1,50 Meter. Von den 42 Paradiesvogelarten leben nur vier in Australien – davon zwei auch auf Neuguinea –, zwei Arten finden sich auf den Molukken. Die übrigen 36 Arten sind nur auf Neuguinea beheimatet.

Als Präparator hatte ich Gelegenheit, zahlreiche Exkursionen in Australien mitzumachen, und schließlich wurde ich aufgefordert, eine Expedition nach Neuguinea als Tierpräparator zu begleiten. Ich hatte jedoch einen Verkehrsunfall und mußte ins Krankenhaus. Es dauerte mehrere Jahre, bis sich die nächste Gelegenheit bot. Diesmal ging alles glatt.

Die Expedition sollte nach Papua-Neuguinea führen. Dies ist die Osthälfte der Insel, zu der ungefähr 600 vorgelagerte Inseln gehören, von denen Neubritannien, Neuirland und Bougainville die größten sind. Papua-Neuguinea besteht aus dem ehemaligen britischen Territorium Papua und der früheren deutschen Kolonie Neuguinea. Beide Gebiete wurden seit dem Ersten Weltkrieg von Australien verwaltet und sind seit 1975 zu einem unabhängigen Staat vereinigt, dessen Flagge als Emblem einen großen Paradiesvogel zeigt. Die Westhälfte Neuguineas, die früher zu Niederländisch-Indien gehörte und jetzt ein Teil Indonesiens ist, heißt West-Irian. Dessen Westspitze wird von der Vogelkop-Halbinsel gebildet, die ihren Namen der Tatsache verdankt, daß das Kartenbild Neuguineas Ähnlichkeit mit einem Paradiesvogel hat. Wenn die Westspitze den Vogelkopf darstellt, bilden die Papua-Neuguinea vorgelagerten Inseln das Gefieder des Paradiesvogels.

In der ersten Hälfte unseres Jahrhunderts waren in Papua-Neuguinea mehrere anthropologische Sammlungen angelegt worden. Aus verschiedenen Gründen – unter anderem wegen des Krieges und der beschränkten Lagermöglichkeiten – waren sie alle zur Aufbewahrung nach Australien ausgelagert worden. Einige Jahre vor meiner Ankunft in Papua-Neuguinea hatten der damalige Administrator und seine Gattin, Sir Donald und Lady Cleland, und der Oberste Richter, Sir Allan Mann, eine neue Sammlung zusammengetragen. Bei meinem Eintreffen war diese Sammlung in einigen Räumen im Erdgeschoß des Parlamentsgebäudes (dem Gebäude des damaligen Gesetzgebenden Rates) untergebracht. Für die improvisierte Ausstellung gab es einige Aufseher, aber kein Fachpersonal, das die Bestände hätte katalogisieren und mit dem Ziel, ein Nationalmuseum zu schaffen, vermehren können. Das war meine zukünftige Aufgabe – und natürlich meine Chance, die Wildnisse Neuguineas zu sehen.

Ich erweiterte nicht nur die Abteilung Anthropologie, sondern legte auch eine Forschungssammlung naturgeschichtlicher Museumsstücke an, die erste Papua-Neuguineas. Es gab nur eine erfolgversprechende Methode, diese Stücke zu finden: Ich mußte sie selbst zusammentragen. Ich bin nun seit über zehn Jahren in Papua-Neuguinea und habe es geschafft, sämtliche Verwaltungsbezirke des Landes zu besuchen und in jedem einen Teil der Wildnis zu erforschen. Die Realität übertrifft die wildesten Träume und Phantasien, die ich vor meiner Ankunft hatte, bei weitem.

Ich bin jedesmal wieder von neuem überrascht, wieviel Urwald es hier zu erforschen gibt. Alles scheint mit einem Teppich aus verschiedenen Grüntönen bedeckt zu sein, in dem die vorherrschende Schattierung ein Dunkelgrün ist, das die Ausdehnung des Regenwaldes deutlich macht. Wie sich ein Seemann auf dem Meer nur von Wasser umgeben sieht, zeigt der Blick über die Berge und Ebenen Neuguineas nichts als Wald: das ununterbrochen bis zum Horizont reichende Grün des Regenwaldes.

Ich habe fast alle Gebiete dieses Landes aus der Luft gesehen und viele davon zu Fuß erkundet. Auf jedem Flug sehe ich Landschaften, die ich gern zu Fuß erforschen würde, und ich merke sie mir, falls sich später Gelegenheit dazu bietet. In vielen Teilen Neuguineas gibt es nur zwei Fortbewegungsmöglichkeiten: mit dem Flugzeug oder zu Fuß auf Eingeborenenpfaden durch den Dschungel. Vor allem in den Bergen des Hinterlandes sind Straßen nur äußerst selten zu finden.

Eine unbekannte Welt /23

Schwerer Aprilregen geht über dem wolkenverhangenen Baiyer River Valley nieder. In diesem Tal liegt Papua-Neuguineas erstes Naturschutzgebiet.

Die Gebirge prägen das physikalische Bild Neuguineas, und mir fällt nur ein Gebiet auf der Hauptinsel ein, in dem sie nicht die Szenerie beherrschen. Das ist im Western District der Fall, wo es in der Eingeborenensprache angeblich kein Wort für „Berg" gibt. An jedem anderen Punkt der Küste kann man zu Bergen aufsehen. Von Port Moresby aus hat man im Norden die Owen Stanley Range vor sich, über der meistens eine Wolkenbank steht. Richtet man den Blick noch höher, sieht man den Mount Victoria geradezu unwirklich über den Wolken schweben.

Diese Berge gehören zu der langen Kette ineinander verschlungener Gebirgszüge, die das Rückgrat der Insel bilden. In diesem Zentralgebirge befinden sich die höchsten Gipfel der östlichen Hemisphäre mit Ausnahme des Himalayas. Es ragt zum großen Teil über 3000 Meter auf, und viele Gipfel erreichen fast 4000 Meter. Die höchsten Berge sind der Mount Wilhelm in Papua-Neuguinea mit 4694 Metern und die Carstensz-Spitzen, der höchste Gipfel der Insel, mit 5030 Metern. Auf mehreren Gipfeln West-Irians liegt ewiger Schnee, was überraschend ist, wenn man bedenkt, daß der Himalaya, dessen Name „Heimat des Schnees" bedeutet, fast 3000 Kilometer nördlich des Äquators liegt, während diese Berge kaum 600 Kilometer südlich des Äquators in den Tropen aufragen.

Die Gebirge beherrschen die Insel nicht nur durch ihre Masse; sie haben auch entscheidenden Einfluß auf Art und Verbreitung von Flora und Fauna und sind der entscheidende Faktor in bezug auf die Klimaverhältnisse. Ohne die Gebirge würden in Neuguinea erheblich weniger Niederschläge fallen – so sind es durchschnittlich über 150 Zentimeter im Jahr. An einigen Orten sind sogar jährliche Regenmengen von über 700 Zentimetern gemessen worden. Die Insel liegt in der Äquatorialzone, in der von Dezember bis April der Nordwestmonsun und von Mai bis Oktober der Südostpassat weht. Sobald die Winde durch Gebirge zum Aufsteigen gezwungen werden, kondensiert sich die in der Warmluft enthaltene Feuchtigkeit durch die Abkühlung der Luft in größerer Höhe und wird als Regen frei.

Ich habe an fast allen Tagen des Jahres zu den Bergen aufgesehen und beobachtet, wie die Gewitterwolken aufquollen, die dann abregneten und die zahllosen Bäche und Wasserfälle an den Berghängen anschwellen ließen. Ich habe erlebt, wie Rinnsale nach einem Gewitter zu reißenden Sturzbächen wurden, die das Land verwüsteten und den großen, mit Schwemmstoffen beladenen Flüssen zuströmten, die sich in die Küstenebenen und Sümpfe hinunter ergießen. Es heißt, daß der Fly River und sein Nebenfluß Strickland dem Meer solche Wassermengen zuführen, daß davon jeder Mensch täglich etwa 45 Liter bekommen könnte.

Trotz der schweren Regenfälle sind viele Gebirgsgegenden so trocken wie überhaupt möglich. Auf den Kalksteinhochebenen am Südrand des Zentralgebirges ist der Boden so porös, daß der Regen sofort darin versickert. Sammelt er sich in einer bestimmten Tiefe, ist üppiger Pflanzenwuchs möglich. Ich

Der treffend benannte Ruhelose Fliegenschnäpper Neuguineas kommt mit einem Insekt für die hungrigen Jungvögel zu seinem Nest zurück. Der Fliegenschnäpper erbeutet einen großen Teil seiner Nahrung, indem er Insekten im Fluge fängt oder von Zweigen und Blättern schnappt. Das an einem Parinaribaum hängende eimerförmige Nest ist aus Gras und Rindenstücken gebaut und mit Spinnenfäden zusammengebunden.

bin in den Southern Highlands und im Western District in Gebieten unterwegs gewesen, in denen dichter Wald auf reichlich Regen schließen ließ – aber als ich die Beschaffenheit des Waldbodens prüfen wollte, fand ich, daß er knochentrocken und hart war.

Andere Gebirgsgegenden täuschen einen auf ähnliche Weise. In den Ausläufern der Owen Stanley Range habe ich gelegentlich die Eingeborenenpfade verlassen, um einen Grat oder Vorgipfel zu besteigen. Die Grate sind am trockensten, denn ihre Seiten fallen so steil ab, daß das Regenwasser rasch abfließt. Trotzdem gibt es dort Wasser für die Eingeweihten, die die Geheimnisse des Landes kennen. Viele der trockensten Grate sind mit Bambuswald bewachsen, und ich bin schon tagelang auf ihnen unterwegs gewesen, ohne fließendes Wasser zu sehen. Ich habe meinen Durst mit den kleinen Wassermengen gestillt, die sich in den hohlen Bambusrohren ansammeln.

Neuguineas hohe Gebirge, die reichlichen Niederschläge und seine Lage in Äquatornähe machen es zur idealen Heimat zahlreicher und vielfältiger Tier- und Pflanzenarten. Da die Temperatur in der Höhe im allgemeinen um 1° Celsius je 150 Meter abnimmt, weist Neuguinea mehrere deutlich verschiedene Klimazonen auf: von der tropischen Schwüle der Küstenebenen und dem gemäßigten Klima der Mittelgebirge bis hin zur Eiseskälte der höchsten schneebedeckten Gipfel.

Jede Klimazone hat ihre eigenen Vegetationstypen. Regenwald, Mangrovensümpfe, Savannen, weites Grasland, Eichen- und Buchenwälder, Hochmoore – sie alle kommen in Neuguinea vor und weisen meistens eine eigenständige Fauna auf. Auch die Bevölkerung Neuguineas ist sehr aufgesplittert. Die meisten Eingeborenen leben von Landwirtschaft, die ihnen gerade so viel einbringt, wie sie selbst brauchen, und etwa 40 % sind in den weiten, fruchtbaren Hochlandtälern seßhaft. Schroffe Gebirgsketten, reißende Flüsse und dichte Urwälder trennen die Bevölkerungszentren voneinander, so daß es auf der Insel etwa 1000 Stämme gibt, die ungefähr 700 verschiedene Dialekte sprechen; einige dieser Stämme haben bisher so isoliert gelebt, daß sie erst jetzt aus der Entwicklungsstufe der Steinzeit heraustreten.

Die Vielfalt der Landschaften und Lebensräume gehört zu den größten Attraktionen Neuguineas. Wenn ich zwischen den Korallenriffen vor der Küste Papuas im warmen tropischen Meer schwimme, finde ich es sehr reizvoll, die Gipfel der Owen Stanley Range sehen zu können, auf denen Eis und Schnee liegt. Ich denke oft über die Beschreibung nach, die Sir William McGregor, ein Beamter der Kolonialverwaltung, gegeben hat, nachdem er 1889 als erster den Mount Victoria bestiegen hatte: „Nachts war keine Spur von Wolken zu sehen, außer denen, die wie Blei in den großen Tälern unter uns lagen, und die Sterne leuchteten so klar wie in einer frostigen Winternacht auf den Britischen Inseln." Während er auf dem Gipfel war, untersuchte er eines Morgens eine Felsspalte und entdeckte 15 Zentimeter lange

Eiszapfen. Das Gras war dick mit Rauhreif überzogen. – Und ich bin nun hier in Sichtweite dieses Gipfels und genieße die ewige Wärme des Meeres.

Auf meinen Wanderungen durch Neuguinea bin ich oft auf einer Strecke von wenigen Kilometern durch ganz verschiedene Umgebungen gekommen. Zu Beginn der Trockenzeit bietet sich einer der schönsten Anblicke in der Astrolabe Range bei Port Moresby, wo das Gras wie ein windgepeitschtes Meer wogt und seine Farbe dabei von hellen zu dunklen Goldtönen wechselt. Verläßt man die endlosen Regenwälder am Unterlauf des Jimi River und erreicht die Sümpfe am Yuat River oder fährt man im Western District über die weiten Ebenen und kommt in die lichten Wälder der *Melaleuca* oder Papierrindenbäume, dann erlebt man die Gegensätze zwischen den unterschiedlichen Vegetationszonen besonders deutlich.

In Neuguinea sind bereits etwa 12 000 blühende Pflanzenarten katalogisiert worden, aber wenn Botaniker die abgelegeneren Gebiete erforschen, entdecken sie häufig neue Arten. Deshalb könnte eine realistische Schätzung von 17 000 bis 20 000 Arten ausgehen. Einige wenige Exemplare der Flora wie Eukalyptusbäume und Araukarien sind mit australischen und neuseeländischen Arten verwandt, aber die meisten sind Verwandte der Flora Südostasiens, Indonesiens und der Philippinen.

Wie andere Besucher Neuguineas war ich erstaunt über Anzahl und Vielfalt der Rhododendren und Orchideen, die in verschiedenen Höhen und unterschiedlichen Lebensräumen wachsen. Hier gibt es über 250 Rhododendronarten und ungefähr 2500 Orchideenarten, zu denen auch die riesige schmalblättrige *Vandopsis* sp. gehört, die einen Meter lange Blätter hat und deren Blütenranke fast drei Meter lang sein kann. Von den Orchideen, die in den Sumpfgebieten der Küste am Boden blühen, bis hin zu den zahlreichen Arten, die im kühlen Nebel und Regen von Bergwäldern die Baumäste zieren, gibt es für praktisch jede Umwelt eine passende Orchideenart.

Im Gegensatz zu der mit südostasiatischen Arten verwandten Flora hat die Fauna Neuguineas Ähnlichkeit mit der Australiens. Für eine so kleine Landmasse ist sie bemerkenswert zahlreich und vielfältig, aber auch das liegt an den vielen verschiedenen Lebensräumen, die diese Insel bietet. Manche Tiere sind auf bestimmte Höhenzonen oder geographische Regionen beschränkt; andere sind weiter verbreitet.

In Neuguinea leben ungefähr 700 Vogelarten – etwa so viele wie in dem zehnmal größeren Australien. Eine hervorragende Stellung nehmen selbstverständlich die Paradiesvögel ein, aber es gibt dort auch viele Laubenvogelarten, die mit komplexen Verhaltensweisen dem prächtigen Schmuckgefieder der Paradiesvögel Konkurrenz machen. Bisher sind nahezu 180 Säugetierarten bestimmt und beschrieben worden, von denen viele Nachttiere sind, und es gibt vielleicht noch weitere zu entdecken. Etwa ein Drittel davon sind Beuteltiere, was die Verwandtschaft zwischen der hiesigen Fauna und der australischen beweist. Als Noah seine Arche baute und von jeder Tierart ein

Ein Langschnabeligel, der zu den Monotremata oder eierlegenden Säugetieren gehört und nur in Neuguinea vorkommt, sucht unter einem Laubhaufen Ameisen, Termiten und Würmer. Er benutzt seine kräftigen Vorderkrallen, um Insektennester aufzureißen, und sammelt die Beutetiere mit der langen, klebrigen Zunge am Ende seines acht Zentimeter langen Schnabels ein.

/27

Paar an Bord nahm, vergaß er die Beuteltiere völlig. Zu seiner Welt gehörten weder Australien noch Neuguinea und Amerika, wo Beuteltiere vorkommen. Sie sind eine uralte Tierart, deren Junge bei der Geburt noch in einem sehr frühen Entwicklungsstadium sind. Nach der Geburt kriechen sie im Pelz der Mutter nach oben in den Beutel, wo sie an einer Zitze saugen, bis sie alt genug sind, um entwöhnt zu werden. In Neuguinea gibt es eine erstaunliche Vielfalt von Beuteltieren: von Baumkänguruhs, Kuskusarten und Ringelschwanz-Kletterbeutlern, die hoch oben in Baumkronen leben, bis hin zu am Boden lebenden Wallabys, Bandikuts, Beutelmardern und Beutelmäusen.

In Neuguinea gibt es ungefähr 130 weitere Säugetierarten, darunter 70 Fledermäuse, 56 Nagetiere und zwei Kloakentiere – eierlegende Säugetiere. Eines dieser beiden, der Langschnabeligel, kommt nur in Neuguinea vor. In den Meeren rund um Neuguinea leben Dutzende von Wal- und Delphinarten sowie der seltsame, harmlose Dugong, ein entfernter Verwandter des südamerikanischen Manati. Außerdem gibt es eine Vielzahl von Reptilien und Amphibien, und noch immer werden viele neue Arten entdeckt. In einem vor kurzem erschienenen Handbuch werden über 1000 Fischarten aufgeführt, aber mindestens ebenso viele müssen wahrscheinlich erst noch beschrieben werden. Die Insekten Neuguineas sind vom B. P. Bishop Museum in Honolulu erforscht worden, aber nach Schätzungen sind bisher erst ein Drittel aller Arten erfaßt. Zu den Insekten gehören viele prächtige Nacht- und Tagfalter. Der Australische Riesenspinner, der im Tiefland vorkommt, ist mit etwa 250 Quadratzentimetern Flügelfläche der größte Schmetterling der Welt. In Neuguinea gibt es auch mehrere Vogelfalterarten, und das braun-weiße Weibchen der *Ornithoptera alexandrae* ist der größte bekannte Tagfalter.

Die Reichhaltigkeit der Flora und Fauna und die Möglichkeit, neue Arten zu entdecken, sind genug, um jeden Naturforscher sein Leben lang zu beschäftigen, und auch die nächste Generation von Naturforschern wird noch reichlich Arbeit vorfinden. Ich habe selbst vieles gesehen. Ich habe die Balz von Paradiesvögeln beobachtet. In den Southern Highlands habe ich eine kleine graugrüne Süßwasserkrabbe entdeckt, die sich als neue Art erwiesen hat. Auf jeder meiner Exkursionen finde ich Dinge, die mich beschäftigen und entzücken. In den Wäldern gibt es immer etwas zu sehen. Das kann eine Flechte an einem Baumstamm sein, das von einem Ast herabhängende Moos, ein Käfer auf dem Waldboden oder einfach nur eine Blume, die im Sonnenschein ihre leuchtenden Blüten öffnet.

In den Wäldern habe ich gelegentlich schwache Erdstöße erlebt. In Port Moresby, wo ich wohne, gab es nur wenige spürbare Erdstöße, aber an der Nordküste treten sie häufig auf und sind auf einigen der vorgelagerten Inseln fast täglich wahrnehmbar. Es ist ein unheimliches Gefühl, wenn man ohne erkennbaren Grund wie betrunken torkelt und dabei sieht, daß die Bäume sich bewegen und die Erde wogt. Die Blätter rascheln wie im Sturm, und die Vögel verstummen. Die Wildnis hat dann nichts Freundliches mehr an sich.

Zwei Kleinlibellen, die zu ihrem akrobatischen Paarungsakt vereinigt sind, hängen im Wald Neuguineas von einem Grashalm herab. Das Männchen klammert sich wie ein Trapezkünstler an den Grashalm und streckt seinen langen, röhrenförmigen Unterleib aus, um den Kopf des Weibchens mit den Zangen am Ende des Unterleibs zu erfassen. In dieser Position biegt das Weibchen seinen eigenen Unterleib nach oben, bis dessen Spitze mit dem unmittelbar hinter der Brust liegenden Geschlechtsorgan des Männchens in Berührung kommt.

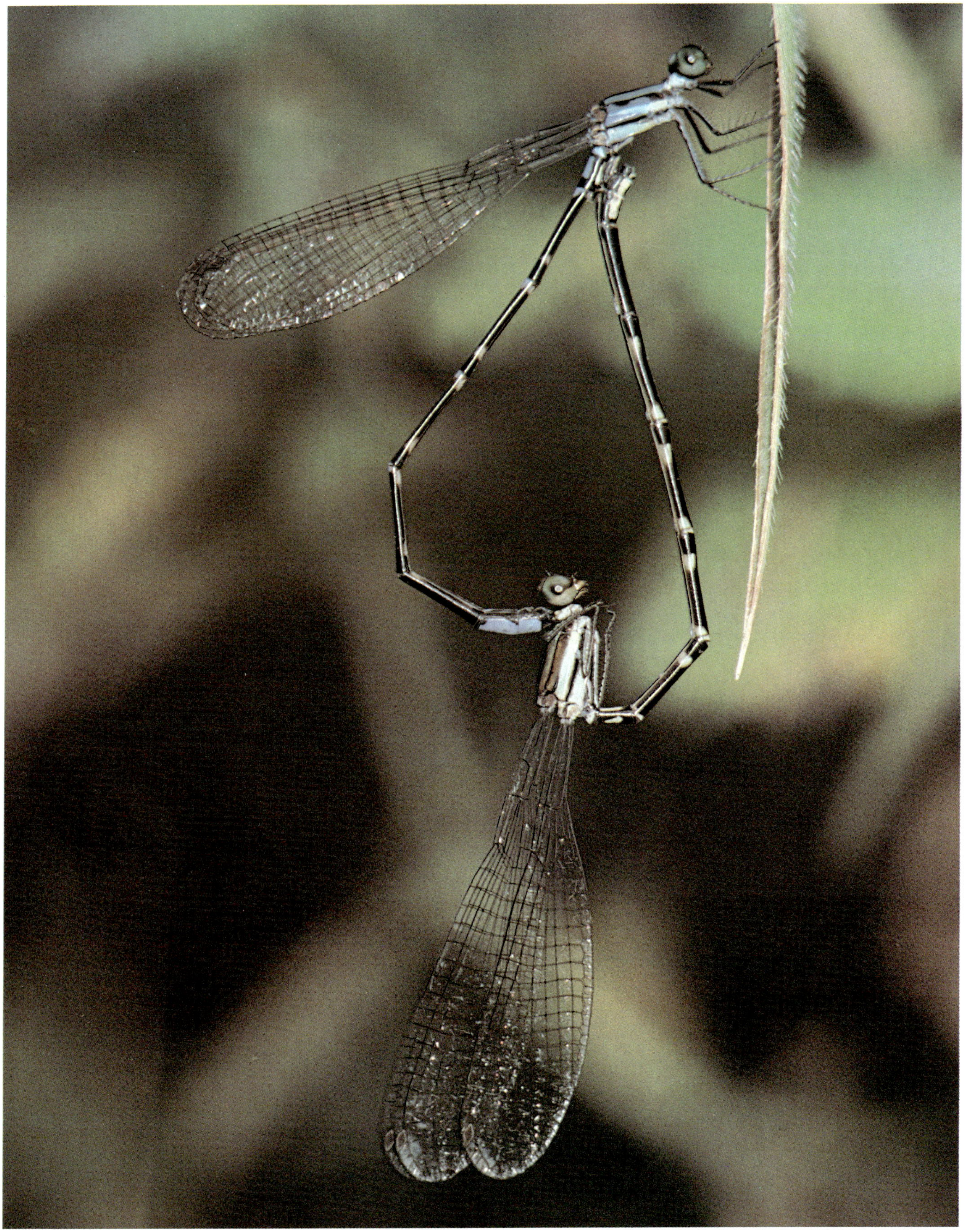

Seitdem ich in Neuguinea bin, hat es hier mehrere schwere Erdbeben gegeben, bei denen Gebäude in Städten eingestürzt sind. Eines hat sich 1968 an der Nordküste in Wewak ereignet, ein anderes 1970 nicht weit davon entfernt in Madang. Zwei weitere haben 1967 und 1968 die Insel Neubritannien erschüttert und großen Schaden angerichtet.

Wo sich schwere Erdbeben in der Wildnis ereignen, werden große Waldgebiete zerstört, deren Regeneration bis zu 100 Jahren dauern kann. Ich bin zum Glück noch nie von einem starken Beben überrascht worden, aber ein Vermesser, mit dem ich neulich gesprochen habe, hatte ein schweres Erdbeben in einem abgelegenen Gebiet erlebt.

Er war unterwegs, um Vermessungspunkte auf Berggipfeln im Quellgebiet des Purari zu markieren, und hatte nach Beendigung dieser Arbeit in seinem Zelt übernachtet. Früh am nächsten Morgen saß er mit seiner Ausrüstung auf einem der Gipfel und wartete auf den Hubschrauber, der ihn abholen sollte. Von seinem Platz aus konnte er in ein breites Tal hinuntersehen und den steilen Gegenhang beobachten. Da der Morgen ruhig und windstill war, wunderte er sich sehr, als er sah, daß die Bäume am Gegenhang auf breiter Front schwankten, als würden sie von starkem Wind bewegt. Die Front glitt wie eine Welle den Gegenhang hinunter, durchquerte das Tal und kam zu ihm herauf. Als sie den Gipfel erreichte, auf dem er saß, bebte der Boden heftig, während die in der Nähe stehenden Bäume in gleicher Bewegung schwankten; dann wanderte die Erdbebenwelle weiter. Mein Bekannter berichtete, das sei ein höchst entnervendes Erlebnis gewesen.

Die Erdbebenhäufigkeit ist ein Anzeichen für die geologische Labilität dieses Teils der Erdkruste. Tatsächlich liegt Papua-Neuguinea in einer der unstabilsten Zonen der Erde, in der sich 5–10 % aller vorkommenden Erdbeben ereignen. Ein weiterer Beweis für die hier stattfindenden geologischen Veränderungen sind die aktiven Vulkane, deren Standorte recht genau mit den seismographisch bestimmten Erdbebengebieten übereinstimmen. An der Nordküste Neuguineas, bei Popondetta im Northern District und im Ostteil des Zentralgebirges, gibt es einige wenige Vulkankrater. Fast alle großen Vulkane liegen jedoch vor Neuguinea auf zwei großen Inselbogen, von denen einer dicht an der Nordküste beginnt und sich nach Norden durch Neubritannien und Neuirland erstreckt, während der andere auf Bougainville beginnt und nach Süden durch die Salomoninseln verläuft.

Ich habe noch keinen großen Vulkanausbruch erlebt. Ich würde jedoch gern einen beobachten – aus sicherer Entfernung. Aber ich bin über einige der aktiven Vulkane Papua-Neuguineas geflogen und habe einen kleinen Ausbruch gesehen. Der Flug von Wewak nach Madang, den ich im Zusammenhang mit Forschungsarbeiten oft unternommen habe, führt an dem Inselvulkan Manam vorbei. Die aus seinem Krater aufsteigende Rauchsäule erinnert unübersehbar daran, daß er eine ständige Bedrohung darstellt. Bei den

Ausbrüchen des Manam im Jahre 1957 und 1958 mußten die am Fuß des Vulkans lebenden Dorfbewohner aufs Festland evakuiert werden; bei ihrer Rückkehr fanden sie ihre Gärten mit einer Ascheschicht bedeckt vor.

Auf einem meiner Flüge am Manam vorbei ereignete sich gerade ein Vulkanausbruch. Obwohl diese Eruption die Inselbewohner keineswegs gefährdete, war sie trotzdem spektakulär. Riesige schwarze Rauch- und Gaswolken quollen aus der Ostflanke des Inselberges. Ein kräftiger Wind blies den Rauch nach Westen, und ich konnte den Krater sehen. Felsbrocken und Asche wurden über den Kraterrand geschleudert und gingen auf dem Vulkanschutt nieder, mit dem die kahlen Gipfelhänge bedeckt waren. Als wir näherkamen, konnte ich an den bewaldeten unteren Hängen Furchen erkennen, die den Weg alter Lavaströme markierten.

Ich war froh, diesen Ausbruch gesehen zu haben – nicht nur wegen des interessanten Anblicks, sondern weil ich damit einen kleinen Abschnitt des langwierigen Prozesses beobachtet hatte, der Neuguinea so gebirgig gemacht hat. Vulkanausbrüche, Erdbeben und die Entstehung von Gebirgen sind die Erde verändernde Ereignisse, die alle zu einem einzigen geologischen Prozeß gehören und sich durch die Theorie der Kontinentalschollentektonik erklären lassen. Diese Theorie, die von einigen Wissenschaftlern noch immer nicht akzeptiert wird, bedeutet für die Geologie eine ebenso große Revolution, wie es die Evolutionstheorie vor einem Jahrhundert für die Biologie war. Ihre Faszination liegt darin begründet, daß sie mit zwingender Einfachheit die Veränderungen der Erdkruste erklärt.

Die Erde ist nicht statisch. Sie verändert sich ständig unter unseren Füßen, und Neuguinea wird in 50 Millionen Jahren vermutlich ganz anders aussehen, so wie es vor 50 Millionen Jahren noch keine hohen Gebirge aufgewiesen hat.

Die Kontinentalschollentheorie geht davon aus, daß die Erdkruste in riesige Segmente unterteilt ist, die auch als Platten oder Schollen bezeichnet werden. Die meisten dieser Schollen, die Meeresbecken, Inseln und Kontinente auf ihrem Rücken tragen, befinden sich in ständiger Bewegung. Zum Beispiel bewegt sich die indisch-australische Scholle, die den ganzen Kontinent Australien und die Insel Neuguinea trägt, jedes Jahr einige Zentimeter weit nach Norden. Die Bewegungsenergie der Schollen kommt aus unterseeischen Gebirgen mitten im Ozean, wo ständig eine neue ozeanische Kruste entsteht. Unter jedem dieser großen Unterwassergebirge wie dem Antarktischen Rücken oder dem Ostpazifischen Rücken werden durch Konvektionsströmungen innerhalb des heißen Erdmantels gewaltige Mengen halb flüssigen Gesteins nach oben gedrückt. Ein Teil dieses Gesteins schmilzt zu Magma und wird immer weiter nach oben gepreßt, bis es als Vulkanausbruch aus dem Meeresboden hervortritt.

Diese ständige vulkanische Tätigkeit entlang eines Unterwassergebirges führt dazu, daß dort einfaches Basaltmagma, aus dem Meeresböden bestehen, auf beiden Seiten des Gebirges abgelagert wird. Die Abschnitte des

Meeresbodens – die ozeanischen Platten – rechts und links der Gebirge bewegen sich in entgegengesetzten Richtungen, während dieses neue Material an ihren Hinterkanten abgelagert wird. Würde an ihren Rändern nicht eine Art Kompensationsmechanismus wirksam, würden alle Weltmeere – und die Erde selbst – von Jahr zu Jahr größer werden.

Das ist natürlich nicht der Fall. Aber was tatsächlich passiert, ist hochdramatisch. An den Rändern der Weltmeere kollidieren die nach außen strebenden ozeanischen Platten mit den Kontinentalschollen, die sich unter Umständen selbst in Bewegung befinden. Da sie ihren Weg nicht fortsetzen können, werden die ozeanischen Platten steil unter die sich ihnen entgegenstemmenden Kontinentalschollen gedrückt und in den Erdmantel zurückgeführt. Die Stätten dieser gigantischen Kollisionen werden aus gutem Grund als destruktive Schollenränder bezeichnet, denn hier wird Ozeankruste zerstört, die ursprünglich mitten im Meer entstanden ist.

Dieser Vorgang wird von großen geologischen Veränderungen begleitet. Während die beiden Schollen sich aneinander abschleifen, entsteht gewaltige Reibungshitze, und die aufgestaute Energie wird in Form starker Erdbeben frei. Je tiefer die Ozeanplatte gelangt, desto heißer wird ihre Umgebung, bis sie in Tiefen über 80 Kilometer weich wird und teilweise schmilzt. Neues Magma entsteht, das zum Teil an die Oberfläche emporsteigt und sich in Form von Vulkanausbrüchen einen Weg bahnt. Gleichzeitig schiebt und faltet sich die darüber befindliche Kontinentalscholle unter diesem Druck zusammen, wobei neue Gebirge entstehen.

Neuguinea und die vorgelagerten Inseln machen genau diese verheerenden Umwälzungen durch, weil sie direkt über einer ganzen Reihe alter und neuer destruktiver Schollenränder liegen. Sie sind ein wichtiger Bestandteil des als „Feuerring" bekannten zirkumpazifischen Bandes aus seismischer und vulkanischer Tätigkeit. Nördlich von Neuguinea sind die Umwälzungen in der Erdkruste besonders groß. Sie wird dort auf erstaunlich komplexe Weise zertrümmert und verschoben, weil mehrere gigantische Krustenstücke zusammenstoßen, untereinander wegtauchen, wieder hochkommen und ständig im Kampf gegeneinander liegen – wie aus Eisbergen gebildete Flotten. Die indisch-australische Scholle bewegt sich stetig nach Norden, während vier, vielleicht sogar fünf pazifische Schollen nach Süden und Westen vorrücken. Neuguinea liegt dort, wo sie sich begegnen.

Vor Hunderten von Millionen Jahren sah das Bild völlig anders aus. Der Südteil Neuguineas war damals eine Kante der indisch-australischen Scholle und bildete das Kontinentalschelf entlang der Nordküste Australiens. Die Gebirge existierten noch nicht. Die Oberfläche des paläozoischen Neuguineas ragte manchmal als Tiefebene aus dem Meer und lag dann wieder unter dem seichten Wasser des Kontinentalschelfs. Davor erstreckte sich das offene Meer. Millionen von Jahren lang blieb alles ruhig. Dann wurde weit im Norden ein Stück der Ozeankruste unter ein anderes gedrückt, und die daraus resultierende Vulkantätigkeit ließ mitten im Ozean einen Inselbogen entstehen. Diese in einem weiten Bogen angeordneten Inseln waren die Vorgängerinnen des jetzigen Neubritannien-Bogens. Im Lauf der Zeit trieben Australien und das paläozoische Neuguinea langsam nach Norden auf den neuen Inselbogen zu, der nach Meinung einiger Wissenschaftler stationär war oder sich – nach Meinung anderer – nach Süden bewegte.

Im Miozän, das heißt vor 11 bis 25 Millionen Jahren, kam es zu einem gigantischen Zusammenstoß. Die westlicheren Inseln des Bogens wurden gegen die Nordostküste des paläozoischen Neuguineas gepreßt. Durch Verwerfungen entstanden große Gebirge, und das neuzeitliche Neuguinea bildete sich heraus. Das Ostende des Inselbogens war nicht an dieser Kollision beteiligt und blieb in seiner ursprünglichen Form erhalten; es besteht aus Neubritannien, Neuirland und den dazugehörigen kleineren Inseln.

Neuguineas Norddrift als Teil der indisch-australischen Scholle erklärt nicht nur die Entstehung seiner Gebirge, sondern löst auch einige Rätsel, die uns Flora und Fauna der Insel aufgeben. Warum hat die Flora große Ähnlichkeit mit der südostasiatischen, während die Fauna mit ihren zahlreichen Beuteltieren der australischen gleicht? Und wie kommt es, daß Beuteltiere außerhalb des australisch-neuguineischen Raumes nur in Nordamerika (Beutelratten) und Südamerika (Beutelmäuse) leben?

Die Beuteltiere scheinen sich in Nord- und Südamerika entwickelt zu haben, denn dort sind die ältesten Fossilien der Marsupialia gefunden worden. Damals, das heißt zwischen Tertiär und Kreide vor 40 bis 100 Millionen Jahren, waren Südamerika, Afrika, Indien, die Antarktis und Australien-Neuguinea zu einem einzigen Südkontinent vereinigt: Gondwanaland. Deshalb konnten die ersten Beuteltiere auf dem Landweg von Südamerika nach Australien-Neuguinea gelangen. Dann zerbrach Gondwanaland durch die Auswirkung der Schollentektonik, und die Kontinente trieben allmählich in ihre jetzigen Positionen auseinander.

Plazentatiere konnten von Asien aus über die Landbrücke der Beringstraße Nord- und Südamerika erreichen, wo sie einen Großteil der ursprünglichen Beuteltiere verdrängten. Aber Australien-Neuguinea war völlig von Asien isoliert, und hier entwickelten sich die Beuteltiere weiter. Als Neuguinea jedoch nach Norden trieb, kam es Südostasien so nahe, daß die Flora dieser Region seine tropischen Küsten besiedeln konnte. Für die Fauna war dies schwieriger oder zum Teil unmöglich.

Pflanzen können größere Strecken über See zurücklegen als Tiere. Sobald sich die Entfernung genügend verringert hatte, konnten die Samen südostasiatischer Pflanzen nach Neuguinea gelangen: mit dem Wind, auf im Meer treibender Vegetation oder im Gefieder von Vögeln. Für viele Vogelarten, aber auch für Insekten und Fledermäuse, muß es leicht gewesen sein, übers Meer nach Neuguinea zu gelangen – notfalls durch „Inselspringen".

34/ **Eine unbekannte Welt**

SEPIK-RIVER-BLAUORCHIDEE

Ein Orchideenparadies

Orchideen bilden wahrscheinlich die größte Familie blühender Pflanzen in Neuguinea. Dort existiert eine bezaubernde Vielfalt von über 2500 bekannten Arten, deren Lebensräume von den feuchtwarmen Tiefebenen bis zu Höhenlagen von 3000 Meter reichen.

Die größten Blüten bringen die sonnenhungrigen Epiphyten hervor, die auf den Stämmen und Ästen von Waldbäumen wachsen und in Höhen bis zu 1000 Meter vorkommen. Zu ihnen gehört die seltsamerweise Sepik-River-Blauorchidee *(links)* benannte, deren rotblühende Rispen bis zu 60 Zentimeter lang werden.

Obwohl die Blüten der in Höhen über 2000 Meter wachsenden Orchideen oft farbenprächtiger sind als die der in tieferen Lagen heimischen Arten, sind die Pflanzen eher kleinwüchsiger und widerstandsfähiger, wie die Kirschenorchidee mit ihren Massen von winzigen Blüten *(rechts)*.

KIRSCHENORCHIDEE

Bestimmte Reptilien und Nagetiere sind wahrscheinlich ebenfalls auf Treibholz von Asien nach Neuguinea gelangt, aber das war den großen asiatischen Säugetieren, wie Menschenaffen, Affen, Elefanten, Nashörnern und Tigern, nicht möglich: deshalb fehlen sie in Neuguinea. Andere Tiere, wie Schweine, Ziegen, Hirsche und Geflügel, wurden viel später von Menschen eingeführt.

Alfred Russel Wallace und Max Weber, zwei Naturforscher des späten 19. Jahrhunderts, zogen imaginäre Linien von Norden nach Süden, um die asiatische von der australasiatischen Region zu trennen. Webers Linie, die östlich von Sulawesi und Timor die indonesischen Inseln durchschneidet, ist meiner Ansicht nach realistischer, weil sie eine Übergangszone berücksichtigt, in der asiatische Tiere wie Koboldmakis und Bankivahühner neben australasiatischen Kuskus- und Kakaduarten vorkommen. Östlich und westlich dieser Übergangszone unterscheidet sich die Fauna deutlich, aber das braucht eines Tages nicht mehr der Fall zu sein. In der Region um Neuguinea treten geologische Veränderungen sehr schnell auf, und die Auswirkungen der menschlichen Besiedlung auf Flora und Fauna werden sich mit dem wachsenden Einfluß westlicher Zivilisation noch erheblich verstärken.

Geologische Veränderungen laufen im allgemeinen unmerklich langsam ab, aber empfindliche Meßinstrumente zeigen, daß die ganze Insel Neuguinea sich stetig nach Norden bewegt. Außerdem gibt es auf der Insel Veränderungen, die sich im Laufe eines einzigen Menschenlebens bemerkbar machen. Das wurde mir in einigen Küstendörfern im Süden Papua-Neuguineas klar, wo sich das Land ins Meer hinausschiebt. Ich unterhielt mich mit einem alten Mann aus dem Dorf Vailala an der verschlammten Mündung des gleichnamigen Flusses. Diese Eingeborenen hatten früher in dem Dorf Popo gelebt, das später aufgegeben worden war. Der Alte erzählte mir, das alte Popo sei noch immer zu erkennen, aber es liege jetzt nicht mehr an der Küste, sondern ungefähr acht Kilometer landeinwärts im Busch. Im Laufe der Zeit hat der Fluß immer mehr Land angeschwemmt, indem er die jungen Gebirge im Inselinneren abträgt und sie Partikel für Partikel zum Meer transportiert. Dieser Prozeß geht offenbar rasch weiter. Der Pfarrer von Vailala, der zugehört hatte, bestätigte die Darstellung des Alten und bewies mir, daß das Meer in den 20 Jahren seit seiner Ankunft etwa 50 Meter weit zurückgewichen war. Er zeigte mir den ursprünglichen Verlauf der Küste in der Nähe seines Hauses, und ich konnte den breiten Strand abschreiten, der seitdem durch Ablagerungen dazugekommen war.

Ich bin davon überzeugt, daß die ersten Naturforscher und Entdecker, die Neuguinea dem Westen bekannt gemacht haben, kaum ahnten, welche Veränderungen sie dadurch einleiteten – nicht nur für die Menschen, sondern auch für die Landschaft. In neuerer Zeit hat der Mensch Neuguinea am drastischsten beeinflußt, und obwohl diese Veränderungen im Verhältnis zur gesamten Wildnis klein sind, werden sie doch ständig fortgesetzt. Die ersten Naturforscher, Entdecker und Offiziere der Regierungspatrouillen haben die

Informationen zusammengetragen, die dann die Nutzung von Land, Wäldern, Wasserkräften und Bodenschätzen ermöglicht haben.

Einer der aktivsten und berühmtesten – oder berüchtigsten – Naturforscher war der Italiener Luigi D'Albertis, dessen Expeditionen in den achtziger Jahren des vorigen Jahrhunderts ihm den Ruf verschafften, er sei ein hervorragender Sammler und mißachte dabei die Rechte der Eingeborenen völlig. D'Albertis war ständig auf der Suche nach neuen Pflanzen- und Tierarten und plünderte manchmal Dörfer aus, um seine Sammlung um neue Exemplare zu bereichern. In Papua-Neuguinea tragen mindestens vier Vogelarten seinen Namen, und mehrere andere sind von ihm benannt worden. Ein weiterer Naturforscher des späten 19. Jahrhunderts war A. S. Meek, der nach Papua-Neuguinea kam, um Ausstellungsstücke für Lord Rothschilds Tring Museum in England zu sammeln. In seinem Buch *A Naturalist in Cannibal Land* schilderte er die Insel und ihre Wildnis. Er ließ sich nicht durch die große Unzugänglichkeit des Landes beirren, das, wie er bemerkte, „nach dem ‚Berg-und-Tal-Bahn'-Prinzip konstruiert zu sein schien. Ein Hügelrücken folgte dem anderen". Der Patrouillen-Offizier Jack Hides erforschte 1937 den Strickland und seine Zuflüsse und schilderte diese Expedition anschaulich. „Ich sah mich in dem tropfnassen, moosbewachsenen Dschungel um", schrieb er, „betrachtete die schroffen schwarzen und weißen Kalkfelsen und erkannte, daß wir in diesem so weit von der Außenwelt entfernten Gebiet, in dem ein Schrei ungehört in der Wildnis verhallen würde, auf uns selbst gestellt waren." Das Gebiet am Strickland ist noch immer eine Wildnis und wird es wohl auch bleiben, falls dort weder Erdöl noch andere Bodenschätze entdeckt werden.

D'Albertis, Meek, Hides und andere haben sich zu der wilden Natur Neuguineas hingezogen gefühlt. Sie haben das Land und seinen natürlichen Reichtum an Pflanzen und Tieren geliebt. Auch heute noch würden sie eine Wildnis antreffen, die sie erforschen und bestaunen könnten. Ich bin diesem Zauber ebenfalls erlegen: dem Zauber einer der letzten wahren Wildnisse.

Die lautlosen Killer

Mit seinem dichten Kronendach und dem laubbedeckten Boden ist der Regenwald Neuguineas ein Spinnenparadies. In dieser feuchten und dunklen Welt finden sie reichlich Nahrung in Form von Insekten – und anderen Spinnen, ihren eigenen Artgenossen.

Aber die Spinnen werden auch selbst von zahlreichen Vögeln und Reptilien gejagt und haben deshalb eine bemerkenswerte Vielfalt von Fähigkeiten entwickelt, zu töten, ohne selbst getötet zu werden – Meister der Tarnung, der lautlosen Bewegung und des geduldigen Lauerns im Hinterhalt.

Obwohl noch viel Forschungsarbeit zu leisten ist, wird die Zahl der Spinnenarten Neuguineas auf etwa 3000 geschätzt, die sich je nach ihrer Jagdmethode wiederum in zwei Gruppen unterteilen lassen.

Die erste – und interessanteste – Gruppe besteht aus Spinnen, die ihre Beute nicht in einem Netz fangen, wie es die meisten Menschen als charakteristisch für Spinnen ansehen. Manche von ihnen, zum Beispiel die Krabbenspinne *(rechts)*, sind seßhaft und verlassen sich auf ihre Schutzfärbung, die sie vor Entdeckung bewahrt. Sie lauern ihrer Beute auf und stürzen sich überraschend auf ein Insekt, das sich in ihrer Nähe niederläßt.

Andere Spinnen dieser Gruppe, darunter die großen, krabbenähnlichen Sparassiden, bleiben tagsüber getarnt und untätig, gehen aber bei Einbruch der Dunkelheit auf die Jagd.

Die kleinen, lebhaft gefärbten *Salticidae* oder Springspinnen, die die größte Spinnenfamilie Neuguineas bilden, jagen tagsüber. Sie sehen am besten von allen Spinnen und springen ihre Beute an, wobei die Sprungweite nicht selten ein Mehrfaches ihrer eigenen Körperlänge beträgt.

Selbst die zweite Gruppe der Netze webenden Spinnen besteht aus seltenen und faszinierenden Arten. Ihre seidigen Fallen reichen von einfachen Geweben aus gekreuzten Spinnfäden bis zu den kunstvoll verwobenen und symmetrisch konstruierten Netzen der Radspinnen.

Eine der erstaunlichsten Fallen ist die der Seidenspinne *Nephila maculata*, einer großen, langbeinigen Spinne, die ein grobes, unglaublich festes Netz von etwa einem Meter Durchmesser webt. Im Gegensatz zu anderen Radspinnen erneuert die *Nephila maculata* ihr Netz nicht öfters, sondern benutzt es längere Zeit, indem sie beschädigte Teile repariert oder ersetzt.

Einige Spinnenarten Neuguineas schließen sich in Kolonien zusammen, um riesige Gemeinschaftsnetze zu weben. Diese über Waldlichtungen hängenden Netze überspannen oft bis zu zehn Meter. Aber die wahrscheinlich merkwürdigste, allerdings recht wirkungsvolle Jagdmethode hat die Bola- oder Lassospinne entwickelt. Sie befestigt eine klebrige Kugel am Ende eines Spinnfadens, den sie dann durch die Luft wirbelt, bis er ein fliegendes Insekt mit dem klebrigen Ende trifft.

Eine Krabbenspinne packt einen Falter, der auf der Suche nach Blütenstaub auf einer D'Albertis-Orchidee gelandet ist. Der glatte schmutzigweiße Körper der Spinne entspricht in Struktur und Färbung genau den Blütenblättern der Orchidee, so daß sie ungesehen in der Blüte lauern kann. Obwohl sie schlecht sieht, verrät ihr das leichte Zittern der Blüte die Ankunft des Beutetieres.

/39

Das glänzende Männchen der Springspinne (oben) ist nun fast am Ende seines zweijährigen Lebens und zur Paarung bereit. Um die Aufmerksamkeit des Weibchens während des komplizierten Paarungsrituals zu erregen, häuten die Männchen sich und zeigen dann leuchtende Farben. Andere Springspinnen sind mit schimmernden Schuppen und Haarbüscheln geschmückt.

Die acht scharfen Augen des Springspinnenweibchens (rechts), die entlang des gemusterten Kopfaufbaus angeordnet sind, verschaffen ihm Rundumsicht; mit ihnen erkennt die Spinne Feinde oder Beutetiere bis auf etwa 30 Zentimeter Entfernung. Die Spinne, die lautlos jagt, springt ihr Opfer an und tötet es dann durch das sehr schnell wirkende Gift ihres Bisses.

Die lautlosen Killer /41

Das Weibchen der Flechtenspinne (links) verwirrt seine Feinde, indem es seine Farben auf die der gefleckten Baumrinde einstellt und dort die Dunkelheit abwartet, bevor es selbst auf Jagd geht. Diese Spinne, die zu einer seltenen Art der Sparassiden-Familie gehört, kann ihre Färbung verändern, um sich ihrer Umgebung anzupassen.

Eine weitere Flechtenspinne (rechts), die an einem Zweig entlang ausgestreckt ist, hat sich entsprechend dem andersfarbigen Hintergrund wieder mit anderen Farben getarnt. Die ungewöhnlichen Fransen an ihren zarten Beinen erinnern an manche Springspinnen, doch fehlen den Flechtenspinnen die scharfen Augen und die enorme Sprungkraft der Springspinnen.

Die lautlosen Killer /43

Von ihrem Platz auf einem Zweig wirft eine Bola- oder Lassospinne ihr Lasso aus – einen einzelnen Faden mit einer klebrigen Kugel am Ende. Diese Spinne hat die Fähigkeit verloren, ein Netz zu weben; statt dessen wirbelt sie den Faden um den Kopf, bis sie ein fliegendes Insekt gefangen hat, das sie dann einspinnt, bevor sie es schließlich verschlingt.

Eine junge Radspinne ruht auf der reichverzierten Nabe ihres Netzes. Die aus dicken, nicht klebrigen Seidenfäden gesponnene tellerartige Plattform macht die Spinne unauffälliger, während sie Insekten auflauert. Da die Radspinne schlecht sieht, folgt sie den Vibrationen, die von dem im Netz gefangenen, zappelnden Beutetier ausgehen.

Die lautlosen Killer /45

Die St.-Andrew-Kreuzspinne verdankt ihren Namen den sorgfältig diagonal gekreuzten Spinnfäden, mit denen sie ihr Netz kunstvoll schmückt.

Die lautlosen Killer

Das Weibchen der Nephila maculata, der
goldenen Radspinne, hängt an der Unterseite
eines Zweiges (links), in dessen Gabel
ein Teil seines Netzes zu erkennen ist.
Das bemerkenswerte goldene Netz der Radspinne (oben) kann bis zu einen Meter
Durchmesser haben und hängt an sechs
Meter langen Haltefäden zwischen Bäumen.
Es ist fest genug, um kleine Vögel zu fangen,
und ist sogar schon zur Herstellung von
Fischnetzen verwendet worden.

48/ **Die lautlosen Killer**

Hunderte von Spinnen der Art Cyrtophora sp., die in ihrem riesigen, seidig wirkenden Gemeinschaftsnetz sitzen, scheinen in der Luft zu hängen. Ihr Netz, das 15 Meter über einem Abhang des Mount Kaindi im Osten Papua-Neuguineas hängt, ist in Wirklichkeit aus Hunderten von winzigen Radnetzen zusammengesetzt.

Ein junger Baum biegt sich unter der Spannung eines massiven Cyrtophora-Radnetzes, das hoch über einer Waldlichtung als Falle für vorbeifliegende Insekten ausgespannt ist. Sobald ein größeres Insekt gefangen ist, kommen die Spinnen aus allen Richtungen zusammen, um die Beute einzuspinnen, bevor sie ihr Gemeinschaftsmahl beginnen.

Eine Stachelspinne, deren gepanzerter Hinterleib im Blitzlicht des Photographen blendend weiß ist, zieht Netzfäden zusammen, während sie eine gefangene Fliege aussaugt. Diese Spinnenart vertraut auf leuchtende Körperfärbung und drei gebogene Hinterleibsstacheln, um ihre Feinde zu erschrecken und abzuwehren.

Die lautlosen Killer /51

2/ Land hinter den Wolken

Die letzten 600 Meter scheinen keine Verbindung mehr mit Neuguinea zu haben, sondern eher wie eine Geisterinsel in einem weißen Wolkenmeer zu schwimmen.

GAVIN SOUTER / *NEW GUINEA: THE LAST UNKNOWN*

In Neuguinea vermeiden es die Piloten von Sportflugzeugen, in Wolken hineinzufliegen, denn in zu vielen verbergen sich Dreieinhalbtausender. In dem kleinen Museum in Port Moresby befindet sich eine grausige Erinnerung an diese Gefahr: ein Tagebuch auf der Tür eines Flugzeugs, das im Zweiten Weltkrieg in dichte Wolken flog und am Mount Obree, ungefähr 80 Kilometer von Port Moresby entfernt, zerschellte. Wie durch ein Wunder überlebten 17 Männer den Absturz, aber nur drei oder vier konnten sich durch den Dschungel bis zu bewohnten Gebieten durchschlagen. Die übrigen starben einer nach dem anderen an Hunger oder Entkräftung, bevor die Rettungsmannschaft sie erreichte. Sie hinterließen auf der Flugzeugtür einen erschütternden Bericht über ihre letzten Tage.

Es ist erstaunlich, wie schnell sich in diesen Bergen Wolken bilden können. Vor kurzem war ich auf einem Flug über die Owen Stanley Range von Port Moresby im Süden nach Popondetta im Norden. Ich flog zusammen mit zwei Freunden, die einen in Popondetta liegengebliebenen Lastwagen zu reparieren hatten, weil ich das Gebirge photographieren wollte. Wir starteten kurz nach Tagesanbruch und rechneten damit, noch am gleichen Vormittag zurückzukommen. Das Wetter war klar und wolkenlos, aber die Fernsicht war durch bläulichen Dunst getrübt, so daß meine Photos nicht allzu gut wurden. Bei der Landung hatten wir noch immer klaren Himmel. Meine Freunde brauchten nicht lange, um den Lastwagen zu reparieren, und gegen 10 Uhr befanden wir uns wieder am Flugplatz. Aber unterdessen verdeckte eine dichte, dunkle Wolkendecke die Gebirgskette in beiden Richtungen, soweit das Auge reichte. Wir starteten trotzdem, weil wir hofften, unter den Wolken über einen 2400 Meter hohen Paß fliegen zu können; aber als wir in die

Berge kamen, sahen wir, daß riesige Wolkenmassen bereits in die Täler absanken und uns die Sicht nahmen, so daß wir umkehren und in Popondetta übernachten mußten. Am nächsten Morgen gelang es uns in aller Frühe, den Paß zu überfliegen, bevor sich wieder Wolken bildeten. Aber wir waren gerade noch rechtzeitig gestartet: Als wir nach Port Moresby hinunterflogen, drehte ich mich nach dem Paß um. Er war bereits verschwunden.

Obwohl solche Zwischenfälle häufig sind, würde ich mir keine Gelegenheit entgehen lassen, über das Gebirge zu fliegen. Auf einem denkwürdigen Flug über die Star Mountains in der Nähe der Grenze zu West-Irian konnte ich den Hauptgebirgszug von Papua-Neuguinea der Länge nach überblicken. Die Gipfel waren erstaunlich verschieden: Manche waren bewaldet, andere bestanden aus kahlen Felszacken und wieder andere hatten grasbewachsene Kuppen. Auf der anderen Seite des Flugzeugs waren die schneebedeckten Gipfel des Puncak Mandala in West-Irian zu sehen.

Nur aus der Luft bekommt man einen Begriff davon, wie das gebirgige Rückgrat der Insel entstanden ist. Als vor vielen Millionen Jahren das paläozoische Neuguinea nach Norden driftete und mit dem Inselbogen zusammenstieß, der ihm den Weg versperrte, wurden große Blöcke der Erdkruste kilometerhoch emporgedrückt. Das Gewirr aus steilen, schmalen Gebirgskämmen und tiefen, gewundenen Tälern ist ein sicheres Anzeichen für ein junges geologisches Alter; tatsächlich gehört das Zentralgebirge Neuguineas zu den am spätesten entstandenen Gebirgen der Welt.

Im Nordosten trennen die weiten, ebenen Täler der Flüsse Ramu und Markham den Hauptgebirgszug von den Bergketten, die sich die Küste entlangziehen: der Adelbert Range und den vier Gebirgszügen, die sich ostwärts auf der Halbinsel Huon erstrecken — Finisterre, Saruwaged, Cromwell und Rawlinson Range. Vom Boden aus sind diese Täler wenig bemerkenswert, aber wenn man über sie hinwegfliegt, erkennt man, wie lang und gerade sie sind – ein Beweis dafür, daß dieser Einschnitt eine riesige Verwerfungszone und der Ort des Zusammenpralls ist.

Betrachtet man die Höhe und Schroffheit der Gebirge Neuguineas, fällt einem die Vorstellung schwer, daß viele der Gesteine, aus denen sie bestehen, einst den Meeresboden gebildet haben. Aber die Beweise sind für jeden sichtbar, der sich die Mühe macht, nach ihnen zu suchen. In den Southern Highlands, wo hohe parallele Bergketten zwischen breiten, fruchtbaren Tälern aufragen, habe ich viele überraschende Funde gemacht. Dieses Gebiet ist schwierig zu erforschen, weil die Berge dicht bewaldet und steil sind. Der Übergang von einem Tal zum nächsten ist anstrengend, denn die dazwischenliegenden Kämme sind bis zu 300 Meter hoch. An manchen Stellen ist der Bergpfad glitschig naß und dadurch sehr gefährlich. An anderen wird das Gestein so scharfkantig, daß Gummistiefel zerschlissen werden und selbst feste Lederstiefel nach einem zweitägigen Marsch unbrauchbar sind. Aber diese Anstrengungen können sich lohnen. Ich habe schon versteinerte

Korallen und sogar einige spiralenförmige Ammoniten mit zehn Zentimeter Durchmesser gefunden. Sie sind die Überreste von Tieren, die im Mesozoikum vor mindestens 100 Millionen Jahren im Meer gelebt haben und inzwischen ausgestorben sind. Auf einem Steig bei Koroba untersuchte ich einmal an einer Stelle, wo der Pfad eine kleine Bodenerhebung durchschnitt, einige Gesteinsablagerungen; dabei fand ich die aneinandergepreßten Knochenschuppen eines großen versteinerten Krokodils. Ein merkwürdiger Gedanke, daß dieses Tier, das einst in einer alten Flußmündung gelebt hatte, nun versteinert hoch im Gebirge lag.

Der Hauptgebirgszug besteht zum größten Teil aus Sedimentgestein, das aus Schwemmstoffen von Flüssen, vulkanischem und Intrusivgestein entstanden ist. Aber im Südosten Papua-Neuguineas, am Nordrand der Owen Stanley Range, zieht sich ein 250 Kilometer breiter Felsgürtel dahin, wie er auf der Erdoberfläche selten anzutreffen ist. Er besteht aus großen Massen von tiefsitzendem Periodit, Plagioklas und Serpentin, Eruptivgestein und metamorphem Gestein, die früher Bestandteil des Meeresbodens gewesen sind. Diese Gesteine haben bis zu zehn Kilometer tief unter dem an der Oberfläche mit einer Sedimentschicht bedeckten Meeresboden gelegen. Normalerweise wird eine ozeanische Scholle, die gegen eine Kontinentalscholle treibt, in den Erdmantel hinabgedrückt und verschwindet darin. Aber als Neuguinea in diesem Fall mit dem Inselbogen zusammenstieß, wurden Teile des Meeresbodens nach oben aufs Festland geschoben und blieben auf dem Sedimentärgestein der Owen Stanley Range zurück.

Die geologischen Veränderungen, aus denen Neuguineas Gebirge entstanden sind, haben sich auch deutlich auf die lebende Flora und Fauna ausgewirkt. Das Gewirr aus Bergen und Tälern hat die Insel in einzelne, voneinander isolierte Regionen unterteilt. Beispielsweise haben sich im tiefliegenden Gebiet der Ramu-Markham-Verwerfungszone, die zwischen der Adelbert Range und der Halbinsel Huon auf der einen und dem Zentralgebirge auf der anderen Seite liegt, eigene Arten von Pflanzen, Vögeln und anderen Tieren entwickelt.

Das verblüffendste Beispiel für diese isolierten Arten ist wahrscheinlich Becks Laubenvogel, der nur in den Wäldern der Adelbert Range vorkommt. Er ist ein prächtiger schwarzer Vogel mit leuchtend gelber Flügelzeichnung und orangegelbem Schopf und Hals. In Museen existieren nur etwa ein halbes Dutzend Exemplare, und ich kenne nur einen Europäer, der diesen Vogel in den letzten Jahren zu Gesicht bekommen hat. Er ist so selten, daß sein Laubennest noch nie beschrieben worden ist.

In den vier durcheinander verlaufenden Gebirgszügen der Huon-Halbinsel, die wahrscheinlich das steilste und wildeste Bergland Papua-Neuguineas bilden, gibt es mindestens drei einzigartige Paradiesvögel. Einer ist der Strahlenparadiesvogel, der seinen Namen den langen bartlosen Federn mit ovalen,

Sträucher, Moose und Grasbüschel bilden in etwa 3600 Meter Höhe über dem Meeresspiegel die Hochgebirgsmatten der Dayman Range in Ostpapua.

flachen Enden verdankt, von denen drei über jedem Ohr wachsen. Er ist ein prächtiger Vogel: samtschwarz bis auf die Brustfedern, die metallisch in allen Regenbogenfarben schillern, und mit einem goldenen Federbusch auf der Stirn und einem leuchtend blau schimmernden Nackenfleck. Der Strahlenparadiesvogel balzt auf dem Erdboden; dabei biegt er den Kopf gegen die Brust und schüttelt seine hutnadelartigen Federn.

Von den in diesem Gebiet einheimischen Säugetieren lebt das Matschie-Baumkänguruh, ein großes ziegelrotes Tier mit sehr langem Schwanz, nur in den tiefsten Bergwäldern von Huon. Wer es nicht mit eigenen Augen gesehen hat, kann sich schwer vorstellen, daß Känguruhs durch Baumwipfel hüpfen sollen. Ich habe aber schon selbst beobachtet, wie ein Baumkänguruh mindestens drei Meter weit von Ast zu Ast gesprungen ist. Es bewegt dabei den Schwanz, der als Steuerruder dient und ihm hilft, bei der Landung das Gleichgewicht zu bewahren. Das Baumkänguruh ist in erster Linie ein Nachttier, das sich in der Dunkelheit erstaunlich leise durchs Geäst bewegt und Früchte, Blätter, Insekten und gelegentlich auch kleine Vögel frißt. Im Dschungel wurde ich eines Nachts nur deshalb auf Baumkänguruhs aufmerksam, weil mich eine angefressene Frucht traf, die von einem Baum fiel. Ich dachte zuerst, über mir säße ein Kuskus, weil diese Tiere ähnliche Freßgewohnheiten haben. Aber als ich den Lichtstrahl einer starken Taschenlampe in die Baumkrone richtete, sah ich zwei Baumkänguruhs auf einem dicken Ast sitzen und eifrig an den Früchten fressen. Man findet sie heutzutage nur noch im tiefsten Dschungel, weil sie von den Einheimischen gejagt werden und sich deshalb von den Dörfern fernhalten.

Mehrere andere Tierarten gibt es nur auf den Neuguinea vorgelagerten Inseln, von denen viele gebirgig und mit dichtem, völlig unberührtem Regenwald bedeckt sind. Zum Beispiel lebt Goldies Paradiesvogel nur in den Regenwäldern der Inseln Fergusson und Normanby. Es gibt nicht viele Europäer, die ihn schon einmal zu Gesicht bekommen haben. Fergusson und Normanby sind in Wirklichkeit große Gebirgszüge, die aus dem Meer ragen, und gehören zu der als D'Entrecasteaux Islands bekannten Inselgruppe. An den Hängen eines steilen, dicht bewaldeten Berges auf einer dieser Inseln ist 1956 eine neue Pflanze, die Frauenschuhorchidee, *Paphiopedilum* sp., von einer amerikanischen Expedition entdeckt worden. Ich war vor kurzem mit einer Gruppe von Botanikern, die einige Exemplare sammeln wollten, auf dieser Insel. Wegen des regnerischen Wetters rechneten wir mit mindestens vier Tagen für den Hin- und Rückweg, so daß uns genügend Zeit blieb, regenfeste Lager aufzuschlagen und nach der Orchidee zu suchen. Aber wir hatten außergewöhnliches Glück und fanden sie schon, als wir noch gar nicht richtig mit der Suche begonnen hatten.

Am Tag vor dem geplanten Aufbruch bestiegen wir zu dritt mit einigen einheimischen Führern einen niedrigeren Berg in der Nähe unseres Lagers. Wir wollten eben durch Sekundärwald mit dichtem Unterholz, Dornenran-

Ein schwach blauschillernder gestreifter Rüsselkäfer streckt seine mit Gelenken versehenen Fühler aus. Das Insekt sieht gut; seine Fühler nehmen Gerüche wahr und dienen vielleicht auch zur Verständigung. Die Körperfärbung beruht auf Hunderten von winzigen Schuppen; reibt man sie ab, ist der Rüsselkäfer einheitlich schwarz.

ken und Büscheln von schlankem Bambus absteigen, als ein deutscher Orchideenspezialist, der etwas zurückgeblieben war, uns aufgeregt nachrief, wir sollten warten. Er hatte eine Frauenschuhorchidee entdeckt, an der wir anderen achtlos vorbeigegangen waren. Wir suchten die nähere Umgebung ab und stellten fest, daß es sie hier massenhaft gab. Auf einer Fläche von 330 Quadratmetern zählten wir 89 Exemplare! Leider standen sie nicht in Blüte – aber so hatten wir zumindest eine Entschuldigung dafür, daß wir sie beim erstenmal übersehen hatten.

Die im Gebirge heimischen Pflanzen und Tiere sind nicht nur durch ihre isolierten geographischen Standorte voneinander getrennt. Ein anderer limitierender Faktor, der alle Flora und Fauna des Zentralgebirges, der vorgelagerten Küstengebirge und der Inselberge beeinflußt, ist die Höhengrenze. Besteigt man die Berge, verändert der Wald seinen Charakter über ein ganzes Klimaspektrum hinweg; aus üppigem tropischen Regenwald am Fuß der Berge werden auf den Gipfeln Hochgebirgsmatten.

Davon war ich sehr beeindruckt, als ich an den Südhängen der Owen Stanley Range unterwegs war. Ich war nach Tapini geflogen, einer Kleinstadt mit einem Landeplatz in 900 Meter Meereshöhe, die auf halber Höhe an dem steilen Hang des Loloipa-Flußtals liegt. Ein großer Teil der hügeligen Umgebung der Stadt ist mit üppigem Gras bewachsen, weil der Urwald gerodet und niedergebrannt wurde, um Platz für Gärten zu schaffen. (Der Boden trägt nur einige Jahre lang Nutzpflanzen; ist er dann ausgelaugt, werden die Gärten aufgegeben, und das Gras überwuchert alles.) Aber auf den Bergen über Tapini gibt es gute Bestände des typischen Vorgebirgswaldes. Er ist die Fortsetzung der tropischen Regenwälder der Ebenen, strotzt von Lianen und Epiphyten und bedeckt die Ausläufer der Gebirge bis zu einer Höhe von etwa 1200 Meter.

Ich kletterte einen Steilhang hinauf, um diesen Wald zu erreichen. Zuerst hatte ich große Schwierigkeiten, mir einen Weg durch das Gewirr aus Ranken, Dornengestrüpp und jungen Bäumen zu bahnen. Aber dies war nur ein Streifen Sekundärwald, der den Primärwald umgab. Sobald ich ihn hinter mir hatte, kam ich besser voran, obwohl stellenweise sehr dichtes Unterholz stand. Der Felsgrat, auf dem ich mich jetzt bewegte, war wie viele andere schmal – nur etwa einen halben Meter breit – und fiel rechts und links so steil ab, daß ich mich an den obersten Zweigen von Bäumen, die tief unter mir wurzelten, festhalten konnte.

Hier gab es zahllose Vögel, aber das Laub war so dicht, daß es fast unmöglich war, sie auszumachen. Unter mir raschelten viele kleine Skinke durch die Laubschicht auf dem Waldboden. Ich beobachtete, wie sie unter den Blättern nach kleinen Spinnen, Käfern und anderen Insekten suchten. Von Zeit zu Zeit erschien einer mit einer Grille oder einem Nachtfalter im Maul und schlug das Insekt mehrere Male gegen den Boden, um es weichzumachen, bevor er es schließlich fraß.

Gefiederte Extravaganz

1898 veröffentlichte der englische Ornithologe R. B. Sharpe die erste vollständige Abhandlung über die Paradiesvögel. Sie war mit Farblithographien von W. Hart illustriert, von denen wir hier einige zeigen. Für Sharpes Leistung spricht, daß seitdem nur sechs neue Arten entdeckt worden sind. Von den insgesamt 42 bekannten Arten kommen 36 ausschließlich in Neuguinea vor.

Die meisten leben im Tiefland und in Mittelgebirgswäldern, aber einige Arten – wie der braune Langschwanzsichelschnabel *(gegenüber, links unten)* – treten in Höhen bis zu 3000 Meter auf. Das sehr begehrte Prachtgefieder tragen nur die Männchen, die es bei ihrem komplizierten Balzritual zur Schau stellen. Der Weiße Paradiesvogel *(gegenüber, rechts unten)* beendet seinen Tanz damit, daß er mit dem Kopf nach unten hängt und seinen weit gespreizten Schwanz bewegt. Andere Arten, darunter auch der Wimpelträger *(gegenüber, links oben)*, hüpfen und schwingen an langen Ranken.

D'ALBERTIS' SICHELSCHNABEL

BLAUER PARADIESVOGEL

PRINZESSIN-STEPHANIE-PARADIESVOGEL

WIMPELTRÄGER

ZWÖLFFÄDIGER PARADIESVOGEL

LANGSCHWANZSICHELSCHNABEL

WEISSER PARADIESVOGEL

Ein riesiger Baum mit Stützwurzeln stand mitten auf dem Grat, über den er auf beiden Seiten hinausgewachsen war. Dies war der erste der Baumriesen, aus denen der richtige Regenwald besteht. Als ich den höchsten Punkt des Grates erreichte, war mir die Sicht durch Blätter versperrt, aber ich sah einige Bäume, die sich berührten, und kletterte hinauf, um über das Kronendach hinwegsehen zu können. Von meinem Hochsitz aus hatte ich einen weiten Ausblick: von der Küste, die im Dunst der Mittagshitze verschwamm, bis hinauf zu den mächtigen weißen Kumuluswolken, die hinter den Berggipfeln hoch über mir aufragten. Im Nordosten war der Gipfel des Mount Albert Edward, eines der leichter zu besteigenden Berge Papua-Neuguineas, bereits von Wolken verhüllt. Im Osten verschwanden die letzten Bergketten in blauer Ferne, und in einem benachbarten Tal sah ich das silberne Band eines rasch fließenden Flusses, dessen Rauschen aus dieser Entfernung nicht mehr zu hören war. Aber mich interessierte vor allem der Blick nach Westen, weil ich dort sah, wie der Wald aus einem weiten Tal bis hinauf zur Baumgrenze in etwa 3600 Meter Höhe anstieg. Selbst aus der Ferne war zu erkennen, wie sich mit zunehmender Höhe Farbe und Struktur des Waldes – entsprechend den aufeinanderfolgenden Waldtypen – ändern.

Oberhalb von 1200 Meter machen die mit Stützwurzeln wachsenden Baumriesen des Flachland-Regenwaldes allmählich Eichen Platz, mit denen der kühlere Mittelgebirgswald beginnt. Eichen herrschen in der unteren Hälfte der Mittelgebirgswälder vor, Süd-Buchen in der oberen. In ungefähr 2700 Meter Höhe werden sie von Nadelbäumen abgelöst, die in höheren Lagen immer dünner und kleiner werden. Über 3500 Meter, wo keine Bäume mehr wachsen, beginnen Hochgebirgsmatten.

Diese Klimazonen sind am Mount Albert Edward besonders klar zu erkennen. Ein Pfad, der hauptsächlich von Eingeborenen auf der Jagd nach Känguruhs benutzt wird, führt vom Talort Woitape aus zum Gipfel. Solange er durch Mittelgebirgswald führt, könnte man glauben, die Bäume gehörten eher in eine südliche gemäßigte Zone als in ein tropisches Land – Eichen *(Castanopsis),* Süd-Buchen *(Nothofagus)* und Steineiben *(Podocarpus).* Aber die Vögel unterscheiden sich gänzlich von denen der gemäßigten Klimazonen. Zu ihnen gehören verschiedene in Hochlagen lebende Paradiesvogelarten, darunter der schöne samtschwarze Prinzessin-Stephanie-Paradiesvogel und der braune Langschwanz-Sichelschnabel mit seinem merkwürdigen Ruf, der sich wie ein Maschinengewehr anhört. Diese exotischen Lebewesen gehören zu den Charakteristika der Bergwildnis, und wenn ich sie sehe, bin ich zufrieden, weil ich weiß, daß ich mich in einem Gebiet befinde, in das nur wenige Menschen kommen und das voraussichtlich eine Wildnis bleiben wird.

In diesen hohen, kühlen Wäldern bin ich einmal auf einen Großen Ameisenigel oder Schnabeligel *(Zaglossus bruijni)* gestoßen, der bestimmt eines der merkwürdigsten Tiere der Welt ist. Das Weibchen brütet die Eier in seinem Beutel aus, in dem dann die Jungen gesäugt werden. Ich kannte den

Ein Bergwallaby unterbricht seine Suche nach weichen Blättern, Wurzeln und Früchten, von denen es sich ernährt. Dieses 75 Zentimeter große Beuteltier, das gut hüpfen und springen kann, bewohnt die Gebirgswälder Neuguineas. Obwohl es vor allem ein Nachttier ist, ist es auch frühmorgens aktiv und nimmt nachmittags oft Sonnenbäder.

Schnabeligel von Abbildungen, aber ich hatte keine rechte Vorstellung von seiner Größe und Kraft, bis ich meinen ersten sah, der an einem Hang des Mount Albert Edward die weiche Erde aufgrub. Ich versuchte, ihn aufzuheben, um ihn aus der Nähe betrachten zu können, aber das war erst möglich, als ich ihn mit einem jungen Bäumchen hochstemmte und ein Hinterbein zu fassen bekam, als er es ausstreckte, um neuen Halt zu suchen. Die Kraft dieses 25 Pfund schweren Stachelbündels ist geradezu unglaublich. Der Schnabeligel hat etwa die Größe eines kleinen Hundes, erinnert jedoch vom Aussehen her eher an einen Bären mit seinem schwarzen Pelz, unter dem sich Dutzende von spitzen Stacheln verbergen. Er hat kurze stämmige Beine mit starken Krallen, mit denen er modernde Baumstämme, Ameisenhügel und Termitenbauten aufreißt. Nachdem er einen Ameisenhügel geöffnet hat, steckt er seinen Schnabel in die Öffnung, streckt seine lange klebrige Zunge aus, an der Ameisen, Ameiseneier und Larven kleben bleiben.

Ein weiteres Tier, das ich im Mittelgebirgswald beobachtet habe – es scheint am Mount Albert Edward häufig zu sein –, ist Boelens Python. Es ist wahrscheinlich die einzige Pythonart der Welt, die in Höhen von 3000 Metern lebt. Diese schöne Schlange, die knapp drei Meter lang werden kann und ziemlich dick ist, hat einen satinschwarzen Rücken, einen kanariengelben Bauch und gelbe Zickzackstreifen an den Seiten. Sie ist nicht leicht zu fangen oder zu photographieren. Obwohl sie wie alle Pythonschlangen ungiftig ist, kann sie mit ihren nadelspitzen Zähnen, die in sechs Reihen angeordnet sind, sehr schmerzhaft zubeißen.

Steigt man in diesen Bergen höher hinauf, verändert der Wald sich ganz allmählich: Eichen und Süd-Buchen werden seltener, und die Nadelbäume fallen einem auf. Bambus kann sich als regelrechtes Hindernis für den Bergsteiger erweisen – besonders eine schlankwüchsige Art, *Nastus productus,* die erstaunlich rasch in die Höhe schießt, Büsche und Bäume umwächst, Wege überwuchert und sich ineinander verschlingt, so daß ein fast undurchdringliches Geflecht entsteht. Selbst wenn man mit einem Buschmesser ausgerüstet ist, kann es Stunden dauern, bis man kümmerliche hundert Meter überwunden hat. Einer meiner Freunde, der den Mount Victoria bestieg, brauchte zwei Tage, um sich durch einen solchen Bambusgürtel hindurchzuarbeiten.

Zwischen 2700 und 3000 Meter erreicht man den Nebelwald, der so heißt, weil er eine kalte, graue Welt ist, in der die Bäume an vielen Tagen des Jahres in Wolken gehüllt sind. Hier stehen die Bäume, hauptsächlich Nadelbäume, weniger dicht, und man findet Sträucher wie Myrte, Preiselbeeren und Heidelbeeren. Viele der Bäume sind mit Moosen, Farnen und Orchideen besetzt, und ich habe schon bis zu zehn verschiedene Orchideenarten auf den Ästen eines einzigen umgestürzten Baumes gezählt. Viele davon waren winzige Bulbophyllae mit schönen sternförmigen Blüten. Bei manchen Arten verwelken die Blüten schon nach zwei bis drei Stunden.

Der Nebelwald ist ein gefährliches Gelände für Wanderungen, denn an vielen Stellen verschlingen sich die Baumwurzeln ineinander zu höhlenartigen Gebilden, die mit einer Moosschicht bedeckt sind. Man muß sich sehr vorsichtig einen Weg über dieses Wurzelgeflecht hinweg suchen, weil ein falscher Schritt leicht einen Sturz aus ziemlicher Höhe bedeuten kann.

Oberhalb der meisten Wälder, wo die Bäume knorrig und verkümmert sind, herrschen Sträucher vor. Myrte und Rhododendron wachsen an manchen Stellen ziemlich dicht. Das üppig leuchtende Rot, Orange und Gelb der Rhododendren belebt eine sonst grau-grüne Landschaft – grau von den Wolken und grün von den Moosen und Sträuchern. In noch größerer Höhe, etwa ab 3500 Meter, verschwinden die Bäume ganz; in dieser Buschzone wechseln verholzte Dickichte mit Grasland und Farnbeständen ab.

Schwarze kahle Felsen und Gras, das mit leuchtenden Blumen wie Gänseblümchen und Butterblumen durchsetzt ist, sind für den Gipfel des Mount Albert Edward charakteristisch. In dieser Höhe regnet es viel, und wer durch die Grasbüschel geht, ist bald bis über die Knie naß. Dort oben gibt es auch Sümpfe, eiskalte Gebirgsbäche und Bergseen aller Größen. Von Freunden weiß ich, daß sie auf einem dieser Seen zwei Salvadori-Enten gesehen haben, die vor einem kleinen Wasserfall auf und ab schwammen. Diese sehr seltene Entenart ist kaum außerhalb ihrer Hochgebirgsheimat anzutreffen.

Der Mount Albert Edward besteht in Wirklichkeit aus zwei Gipfeln, die durch einen niedrigen Sattel getrennt sind. Von der Ostkuppe aus hat man eine herrliche Aussicht: Bei klarem Wetter sind beide Küsten zu erkennen, die immerhin etwa 190 Kilometer auseinanderliegen. Im Norden beginnt ein

Land hinter den Wolken /63

Starker Wind treibt den Morgennebel aus den Tälern über die Flanken des 4694 Meter hohen Mount Wilhelm in der Bismarck Range Papua-Neuguineas.

wahres Bergsteigergebiet mit senkrechten Felswänden, engen Kaminen, Steilabfällen und Wasserläufen, die Hunderte und aber Hunderte von Metern durch Schluchten zu Tal fallen, bis sie die Küstenebene mit ihrem geringeren Gefälle erreichen. Im Süden beherrscht der Mount Yule, ein für sich stehender, oben abgeflachter Gebirgsstock, das Bild. Dieser dicht bewaldete, 3292 Meter hohe Berg ragt wie ein gigantisches Blockhaus auf und wird von Piloten als Orientierungspunkt benutzt. Im Osten und Westen wechseln Berge und Täler, soweit das Auge reicht.

Auf dem Gipfel sinkt die Temperatur oft auf den Gefrierpunkt, so daß sich nachts Rauhreif und Eis bilden. An Tagen mit bedecktem Himmel hält sich das Eis an schattigen Stellen bis mittags. Die Luft in dieser Höhe ist als kühl und belebend geschildert worden, aber meiner Erfahrung nach regnet es meistens, und längerer Aufenthalt in diesem kalten Regen, den der Wind vor sich hertreibt, kann sehr unangenehm sein. Trotzdem möchte ich niemals das Erlebnis missen, auf einem Berggipfel zu sitzen und zu beobachten, wie der Morgennebel zu mir herauftreibt, als fließe ein Wasserfall bergauf. Ich habe erlebt, wie gewaltige Wolkenbänke wie eine Reihe galoppierender weißer Pferde aus einem Tal über einen Bergkamm hinweggezogen sind. Ich habe gesehen, wie das erste Tageslicht die steilen Felswände des Mount Victoria traf, so daß sie leuchteten und funkelten, wenn das Sonnenlicht von den glänzenden Gesteinsflächen zurückgeworfen wurde.

In einem so schroffen, niederschlagsreichen Gebirge wie diesem, aus dem das Rückgrat Papua-Neuguineas besteht, muß es zahllose Wasserfälle geben. Obwohl Neuguinea vielleicht nicht die höchsten oder größten hat, möchte ich meinen, daß es dort mehr Wasserfälle als in jedem anderen gleich großen Gebiet der Erde gibt. Von fast jedem Aussichtspunkt in den Bergen ist mindestens einer zu sehen. An den Wasserfällen hat sich eine unendliche Vielfalt von Farnen und Moosen angesiedelt, und auf den von Wasserspritzern nassen Felsen wachsen meist einige der vielen Begonienarten Neuguineas.

Auffällig ist, daß in der Nähe von Wasserfällen kaum Vögel anzutreffen sind. Meiner Ansicht nach rauscht das herabstürzende Wasser zu laut, so daß die Vögel nicht mehr hören können, ob ihnen Gefahr droht. Eine Ausnahme bilden segelnde Vögel, weil an Wasserfällen Aufwinde entstehen, die sie ausnutzen. Im Tal des Snake River im Morobe District, wo ein mächtiger Wasserfall in Kaskaden eine sehr enge Schlucht hinabstürzt, konnte ich beobachten, wie Flötenweihen sich vom Aufwind in große Höhen tragen lassen, von denen aus sie das ganze Tal überblicken können. Und in der Nähe der Rouna Falls, ungefähr 40 Kilometer von Port Moresby, lebt seit mindestens zehn Jahren ein Brahminenmilan-Paar. Ich sehe die beiden Vögel noch gelegentlich, wenn sie aus dem Wald gesegelt kommen, über dem Wasserfall kreisen und den Aufwind ausnutzen, der sie in einem halben Dutzend Schleifen bis über die Varirata-Wand hinaufträgt.

Manche Wasserfälle stürzen als weißschäumendes Band senkrecht über scharfe Felskanten hinab und verschwinden in Dolinen, die durch das Einbrechen von Höhlen entstanden sind. In der trichterförmigen Öffnung ist dann ein stetiges Rauschen zu hören, das nach schweren Regenfällen zu einem ohrenbetäubenden Röhren werden kann. Ich erinnere mich an eine Doline im Chimbu District des zentralen Hochlandes, in der ich einmal gewesen bin. Ein kleiner Bach ergoß sich in den Trichter, plätscherte über einige Felsbrocken und versickerte in dem porösen Kalkstein. Ich war erstaunt, wie laut das Bächlein in diesem Miniaturkolosseum rauschte.

Je nach Größe der ursprünglichen Höhle können Dolinen über 100 Meter tief sein und einen noch erheblich größeren Durchmesser aufweisen. Im allgemeinen haben sie senkrechte oder sogar überhängende Wände, die man nicht hinunterklettern kann, aber diese eine war mit etwa 20 Metern ziemlich klein und leicht zugänglich. Ich hatte sie besucht, um die Höhlenmalereien zu registrieren. In Papua-Neuguinea gibt es zahlreiche Dolinen und Höhlen mit prähistorischen Malereien; die meisten stellen rituelle Motive oder Stammestrachten in leuchtend roten und gelben Erdfarben, weißem Kalk und schwarzem Ruß dar.

Ungefähr 70 Kilometer landeinwärts von Port Moresby liegen zwei ausgedehnte Höhlensysteme, die ich erforscht habe. Ihr gemeinsamer Eingang ist ein gezacktes Loch im Fels. Schon nach wenigen Schritten wird man von dem üblichen Quietschen und Kreischen der Fledermäuse empfangen und bekommt eine Ladung Kot ab. Fledermäuse flattern an einem vorbei, während man durch stinkenden knöcheltiefen Guano stapft. Harter, nasser Lehmboden und glitschiger Kalkstein erschweren das Vorwärtskommen. Durch den Höhleneingang fällt so viel Licht, daß man wenigstens einige Meter weit sehen kann. Im Boden sind in der Nähe des Eingangs runde Löcher von etwa drei Zentimeter Durchmesser zu erkennen. Dahinter liegen die Gänge der Vogelspinnen, die eigenartigerweise höchst selten oder nie Vögel fangen, obwohl sie schwache und hilflose überwältigen können. Diese Gänge sind manchmal bis zu einem Meter, meist aber nur einen halben Meter tief. Hauchdünnes Gespinst, mit dem der Gang ausgekleidet und die Öffnung überzogen ist, stellt ein Warnsystem aus Stolperdrähten dar, das die Spinne alarmiert, wenn eine Schabe, ein Käfer oder ein Gecko sich nähert.

Dringt man mit einer Taschenlampe tiefer in diese Höhlen ein, findet man weniger, aber dafür um so seltsamere Tiere. Zu den Tieren, auf die ich dort gestoßen bin, gehörte ein Albino-Blutegel mit blaßrosa, fast weißem Körper und rosa Kopf und Saugnapf. Diese Blutegel leben offenbar als Parasiten bei Vögeln und Fledermäusen. Und als ich durch einen gewundenen Gang im Inneren eines der Höhlensysteme kroch, entdeckte ich ein weiteres Tier, das mir ziemlich unheimlich vorkam: einen Hundertfüßler aus der Gattung der Spinnenläufer *(Scutigera)*. Im Englischen wird dieses ungewöhnliche Lebewesen manchmal „haarige Amme" genannt, aber ich finde, daß dieser Name mit seiner Vorstellung von kindlicher Geborgenheit schlecht zu einem Tier paßt, das aus dem Alptraum eines Kindes stammen könnte. Sein Körper hängt zwischen zwei Reihen unglaublich langer, dünner Beine. Im Gegensatz zu gewöhnlichen Hundertfüßlern, die 21 bis 31 Körpersegmente aufweisen, haben die Spinnenläufer nur 15 Segmente mit 15 Beinpaaren. Leute, die Angst vor Tieren haben, die so flink wie Spinnen laufen, sollten lieber einen weiten Bogen um diesen Hundertfüßler machen. Wird er aufgeschreckt, läuft er oft so rasch davon, daß er unterwegs ein oder zwei Beine verliert. Er wird auch als Käfertöter bezeichnet – mit mehr Berechtigung, denn er frißt Schaben, Grillen, Fliegen und andere kleine Insekten, die er mit seinen zahlreichen Beinen umklammert. Das Exemplar, das ich entdeckte, war von einem hellen Ingwerrot und mindestens zehn Zentimeter lang. Es gehört zu den größeren bekannten Hundertfüßlern. In den gemäßigten Zonen wird diese Gattung nur zwei bis drei Zentimeter lang. Die ebenso seltsame Geißelspinne habe ich außer in Höhlen auch unter Baumstämmen und Steinen gefunden. Die Geißelspinne ist mit den Spinnen verwandt und hat wie sie vier Beinpaare und einen flachgedrückten Leib. Aber damit ist die Ähnlichkeit bereits ziemlich erschöpft. Sie scheint ein zusätzliches Beinpaar zu besitzen, das in Wirklichkeit aus verlängerten „Kiefern" besteht, die einwärts gebogen und an der Innenseite mit spitzen Stacheln besetzt sind. Diese beinähnlichen Teile wirken wie eine Falle, die zuschnappt und die Beute mit gezähnten Kanten festhält. Die langen peitschenartigen Vorderbeine der Geißelspinne sind ständig in Bewegung und tasten ohne Zweifel nicht nur nach Beute, sondern auch nach Feinden. Entdeckt die Geißelspinne Beute, stürzt sie sich blitzschnell darauf; stößt sie dagegen auf einen Feind, verschwindet sie ebenso rasch in einem schützenden Felsspalt.

Der Gang, dem ich folgte, verengte sich und endete an einem unterirdischen Fluß. Im Wasser schwamm ein ungefähr ein Meter langer Aal. Dieser Wasserlauf trat anscheinend irgendwo zutage, und der Aal mußte auf diese Weise unter die Erde gelangt sein. Er war schwärzlich und sah wie ein gewöhnlicher langflossiger Aal aus, da ich aber keinen Kescher hatte und seine scharfen Zähne fürchtete, verzichtete ich auf den Versuch, ihn zu fangen und zu identifizieren. Als ich mich auf den Rückweg machte, fiel mir auf, daß selbst hier, in etwa 120 Meter Tiefe, Fledermäuse umherflogen. Obwohl es stockfinster war, orientierten sie sich mit Hilfe des Sonar-Effekts, indem sie laute Klickgeräusche ausstießen, die von den Höhlenwänden zurückgeworfen wurden.

Während ich in Höhlen unterwegs war, hörte ich oft das dumpfe Rauschen eines Flusses, der sich ein unterirdisches Bett gegraben hatte. Es ist wirklich unheimlich, wie selbst größere Flüsse in einem Karstgebiet einfach verschwinden können. Der Tagari River ist ein gutes Beispiel dafür. Dieser Fluß entsteht aus den vielen kleinen Bächen, die in dem abgelegenen Lavini Valley aus den Sümpfen quellen oder aus Kalksteinklippen hervortreten. Als ich in den Southern Highlands war, um Fossilien zu sammeln, besuchte ich eine Missionsstation am Tagari River, der dort schon so breit war, daß man ihn nur mit einem Kanu überqueren konnte. Aber die Missionare erzählten mir, einige Kilometer stromabwärts verschwinde der Fluß einfach. Ich beschloß, seinen Lauf zu verfolgen. Dicht unterhalb der Stelle, an der ich den Tagari River in dem Missionskanu überquert hatte, wurde er schmaler und reißender, weil er zwischen Kalkfelsen dahinrauschte. Dann ergoß er sich plötzlich in eine Masse von Felsblöcken. Von dieser Stelle an hörte ich den Fluß unterirdisch weiterrauschen, aber an der Erdoberfläche war keine Spur mehr von ihm zu sehen. Er tritt offenbar erst sehr viel tiefer wieder ans Tageslicht.

Von all den wilden und schönen Bergtälern Papua-Neuguineas gefällt mir das Tal des Lai River am besten. Von Mount Hagen in den Western Highlands aus fährt man ungefähr zwei Stunden – an der großen Baptistenmission vorbei, durch Wald und einige Dörfer –, um den Talrand zu erreichen. Als ich zum erstenmal dort war, mußte ich mich mehrmals umsehen, um alles zu erfassen. Die mit Gras und farbenprächtigen Sträuchern bewachsenen Hänge des Tals sind so steil, daß sie fast eine Schlucht bilden. Hunderte von Metern tiefer rauscht und schäumt der Fluß über vor Nässe glitzernde Felsen. Auf der anderen Talseite liegt ein Hochplateau, und dahinter ragt eine mit Wald gesäumte wildgezackte Bergkette auf. Links und rechts sieht man Dutzende von Zuflüssen, die zwischen Felsvorsprüngen des Plateaus als Wasserfälle herabstürzen.

Dies war geradezu ein Musterbeispiel für ein stark gegliedertes Plateau mit vielen Bächen, die sich zu einem Fluß vereinigen, aber der Anblick war dramatischer und farbiger, als irgendein Lehrbuch ihn hätte darstellen können. Die scharfen Umrisse des Plateaus, die steilen grünen Talhänge, die schroffen Felsen im Hintergrund und der silberne Fluß zu meinen Füßen trugen alle dazu bei, mir diese wilde Szenerie einzuprägen. Ich hatte das Gefühl, ich könnte den ganzen Tag hierbleiben, um sie in allen ihren verschiedenen Stimmungen zu erleben. Bei meiner Ankunft war sie in Sonnenlicht gebadet, aber aus den flußaufwärts gelegenen Tälern sanken wogende weiße Nebelschwaden herab, denen eine Wand beinahe schwarzer Regenwolken folgte. Als ich – noch bei hellem Sonnenschein – abfuhr, hatten die Nebelschwaden mich schon fast erreicht, und die schwarze Wand wurde von zuckenden Blitzen erhellt. Donnerschläge erschütterten die Luft, die um mich herum zu vibrieren schien, als ich zu meinem Landrover zurücklief. Bei einbrechender Dunkelheit fuhr ich sehr langsam die schmale Fahrspur in Richtung Mount Hagen entlang. Dieses Labyrinth aus tiefen Tälern ist mir als eine der wildesten Landschaften, die ich je gesehen habe, im Gedächtnis geblieben, und ich hoffe, daß es eine unberührte Wildnis bleibt.

Ein ständiger Kreislauf

Neuguinea, das dicht unter dem Äquator liegt und an zehn Monaten des Jahres Regen bringenden Winden ausgesetzt ist, gehört zu den größten dauerfeuchten Gebieten der Welt. Die jährliche Niederschlagsmenge unterschreitet selten 150 Zentimeter und erreicht in manchen Gegenden nicht selten über 400 Zentimeter.

Von Dezember bis April spürt die Insel die Gewalt des Nordwestmonsuns; von Mai bis Oktober herrscht der Südostpassat vor. In beiden Fällen wird warme, mit Feuchtigkeit gesättigte Luft von hohen Gebirgsketten zum Aufsteigen gezwungen. Dabei kühlt sich die Luft ab und läßt riesige Kumulonimbuswolken entstehen, aus denen bei weiterer Abkühlung schwere Regenfälle niedergehen. Das Wasser fließt in einem engmaschigen Netz aus Flüssen und Sturzbächen ab, die sich zu über 20 großen Flüssen vereinigen und in den Ebenen weite Sumpfgebiete speisen.

Auf dem ersten Stück ihres Weges zum Meer rauschen und tosen die Flüsse Steilhänge hinab – oft in mehr als hundert Meter hohen Wasserfällen. Manche Bäche verschwinden in schalenförmigen Dolinen und fließen unterirdisch weiter, bis sie irgendwo wieder ans Tageslicht kommen.

Aber sobald die Flüsse das Tiefland erreichen, ändern sie ihren Charakter völlig. Sie sind von mitgeführten Schwemmstoffen schokoladenbraun, mäandern größtenteils durchs flache Land und bilden ein ständig wechselndes Muster aus Kanälen mit Schlammbänken dazwischen.

Solche Veränderungen im Lauf eines mäandernden Flusses sind oft an halbmondförmigen Seen zu erkennen, die als Ochsenjoche bezeichnet werden. Diese Ochsenjoche entstehen, wenn die in einen U-förmigen Flußbogen hineinreichende Landzunge am Ansatz durch Erosion abgetragen wird. Bei Hochwasser bricht der Fluß an dieser Stelle durch und schafft sich ein neues Bett, so daß ein Altwasser entsteht. An dem Zufluß abgelagerte Schwemmstoffe trennen schließlich Altwasser und Flußbett, so daß ein See entsteht.

Wenn langsam strömende Flüsse wie der Hawain die Ebene erreichen, bringen sie gewaltige Mengen Schwemmstoffe mit; dadurch entstehen fächerförmige Deltas, durch die sich eine Unzahl von Wasserläufen und Kanälen zum Meer schlängelt. Während mehr und mehr Schwemmstoffe abgelagert werden, schiebt sich das Delta immer weiter in den Ozean hinaus.

Rascher durch die Ebene strömende Flüsse wie Sepik und Fly tragen ihre Schwemmstoffe über 60 Kilometer weit ins Meer hinaus, was an unterschiedlichen Braunschattierungen des Wassers zu erkennen ist. Ein Teil des ins Meer fließenden Wassers verdunstet in der Sonne, steigt auf und bildet Wolken, die an den Berggipfeln der Insel hängen. Nach einiger Zeit geht es wieder als Regen nieder und läßt die zu Tal rauschenden Flüsse weiter anschwellen.

In der Monsunzeit von Dezember bis April verdecken Regenwolken schon vormittags die Gipfel der Karius Range im Westen Papua-Neuguineas. Am frühen Nachmittag, als dieses Photo gemacht wurde, ist der Wolkenvorhang schon dicht genug, um die Berge mit sintflutartigen Regenfällen zu überschwemmen und die Flüsse anschwellen zu lassen.

/69

70/ Ein ständiger Kreislauf

Am Mount Sisa in den Southern Highlands von Papua-Neuguinea fällt der Nomad River in eine gigantische Doline und verschwindet darin. Der Fluß strömt unterirdisch weiter und tritt nach einigen Kilometern wieder ans Tageslicht. Die für dieses Karstgebiet typische Doline ist wie viele andere entstanden, als ein Höhlendach einbrach.

Auf dem Boden einer Doline gräbt sich der Jimi River ein Bett in den Kalkstein der Bismarck Range im zentralen Hochland Papua-Neuguineas. Als Grabwerkzeuge dienen dem Fluß die mitgeführten erodierten Felsbrocken und Steine; werden diese Felsfragmente von der Strömung durcheinandergewirbelt, tragen sie den Kalkstein ab.

Der durch einen plötzlichen Gewitterregen angeschwollene Big Wau Creek rauscht die Ausläufer des Mount Kaindi im Nordosten Papua-Neuguineas hinab. Normalerweise ist der Big Wau Creek nur ein harmloses Rinnsal zwischen den Felsen, die jetzt größtenteils überflutet sind. Aber wie die meisten Flüsse Neuguineas kann er sich in der Regenzeit an jedem Nachmittag in ein schäumendes und reißendes Wildwasser verwandeln.

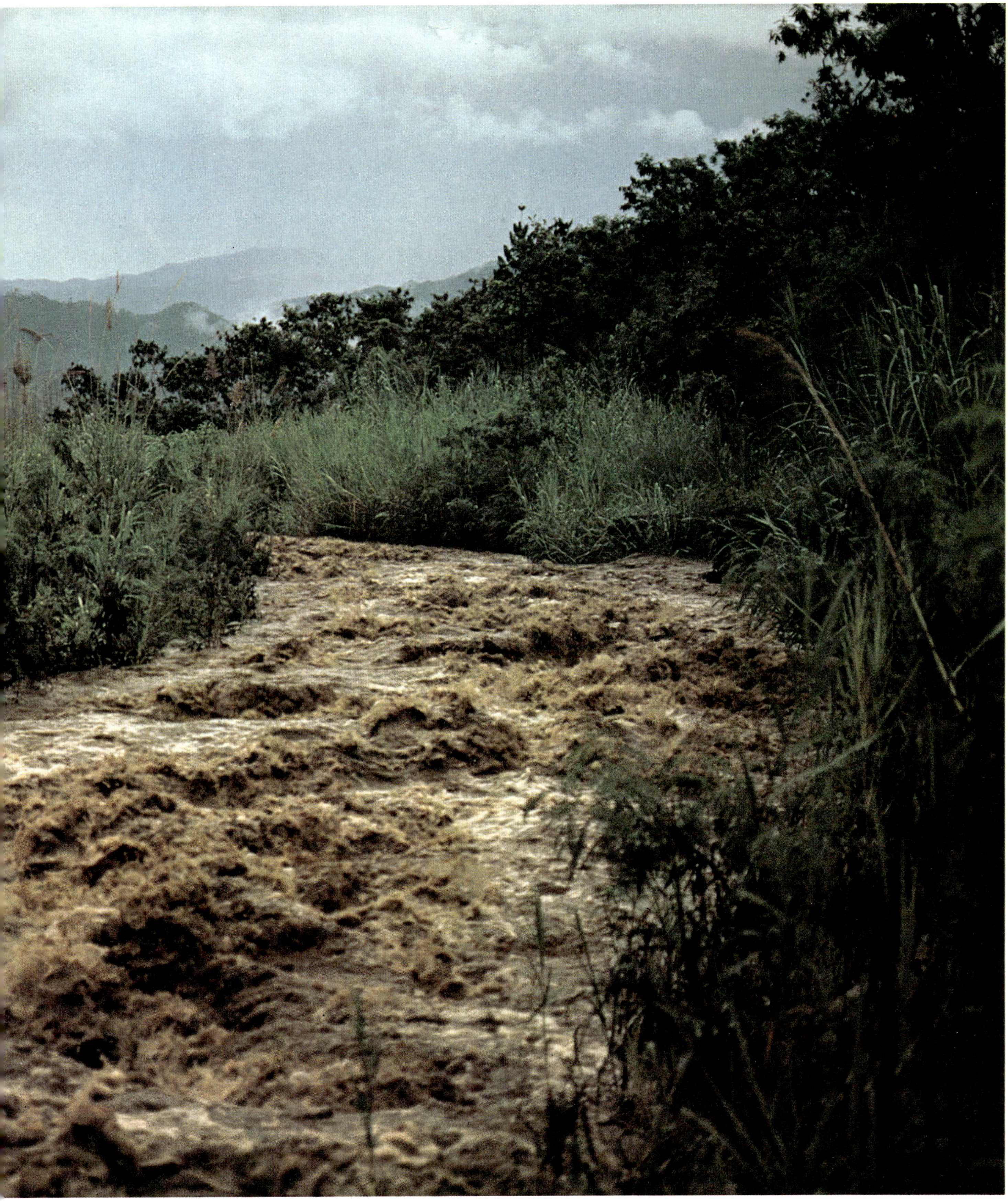

74/ **Ein ständiger Kreislauf**

Schlickinseln zerteilen den Purari River (links) etwa 80 Kilometer vor seiner Mündung an der Küste Papuas. Der Schlick sammelt sich an, weil die Strömungsgeschwindigkeit des Flusses abrupt abnimmt, sobald er die Eastern Highlands verläßt. Obwohl die Inseln durch ihre Vegetation dauerhaft wirken, kann sie schon das nächste schwere Hochwasser fortschwemmen.

Vor dem Zusammenfluß mit dem Fly River schlängelt sich der Strickland durch den Westen Papua-Neuguineas. Die halbmondförmige Erscheinung links des Flusses war früher eine Flußschleife, die jedoch zu einem „Ochsenjoch"-See wurde, als der Strickland sich ein neues Bett grub. Der See trocknete später aus, und sein Boden ist jetzt bewachsen. Nur die Form deutet noch auf seine Herkunft.

76/ **Ein ständiger Kreislauf**

Bevor der Hawain River westlich von Wewak ins Meer mündet, unterteilt er sich in ein Netz von Wasserläufen und Kanälen. Ein Teil der mitgeführten Schwemmstoffe wird durch die Gezeiten fortgerissen, aber große Massen werden entlang der Küste abgelagert und allmählich von Mangroven bewachsen, so daß die Küste sich ins Meer hinausschiebt.

3/ Den Fly River hinab

Ich kenne keinen Teil der Welt, dessen Erforschung der Phantasie so schmeichelt und so reichliche Ausbeute an interessanten Ergebnissen verspricht, sei es für den Naturforscher, den Ethnologen oder den Geographen.

J. BEETE JUKES / *NARRATIVE OF THE SURVEYING VOYAGE OF H. M. S. FLY*

Ich stand auf der Schwelle des Dorfrasthauses in Golgubip, dicht an der Grenze zu West-Irian, und beobachtete das Gewitter, das in den Bergen über mir und um mich herum wütete. Regenkaskaden trommelten auf das Schilfdach, das sich als völlig dicht erwies, und obwohl der Boden draußen unter reißenden Fluten verschwand, war ich nicht einmal in Gefahr, nasse Füße zu bekommen, weil das Haus wie alle anderen dieses Dorfes auf einen Meter hohen Pfählen stand. Da ich wegen des von den Bergen widerhallenden Donners und des ständig aufs Dach trommelnden Regens ohnehin nicht hätte schlafen können, entschied ich mich dafür, das Gewitter zu genießen und die grellen Blitze zu beobachten, die über den Nachthimmel zuckten und die wenige Kilometer vom Dorf entfernten hundert Meter hohen Steilabhänge der Hindenburg-Wand beleuchteten. Durch ein Fenster in der Rückwand des Rasthauses sah ich von Blitzen erhellte Wasserläufe, die durch Felsrinnen strömten und die Flut, die gegen die Pfähle meiner leichtgebauten Hütte brandete, weiter anschwellen ließen. Diese Gebirgsbäche vereinigen sich später zu einem größeren Wasserlauf – dem Oberlauf des gewaltigen Fly River, den die Einheimischen als Wok Feneng kennen.

Der Fly gehört zu den vier Hauptflüssen Papua-Neuguineas, die im Zentralgebirge entspringen, sich nach Norden oder Süden durchs Hochland schlängeln und dann Schwemmland und Sumpfgebiete durchströmen, bevor sie in den Golf von Papua oder die Bismarcksee münden. Das schwere Gewitter, das die Zuflüsse des Fly auf meiner Seite des Gebirgszuges anschwellen ließ, führte gleichzeitig dem Oberlauf des Sepik, der nur wenige Kilometer nördlicher, aber jenseits der Bergkette beginnt, neue Wassermengen zu. Und über hundertfünfzig Kilometer östlicher verwandelten vielleicht weitere Gewitter den nach Süden fließenden Purari und den nach Norden fließenden Ramu ebenfalls in reißende Ströme.

Ich war vom Papua New Guinea National Museum nach Golgubip geschickt worden, um mir die Geisterhäuser dieses Gebiets anzusehen. Das Geisterhaus ist der traditionelle Versammlungsort eingeweihter Männer neuguineischer Stämme und der Ort, wo die geheime Jünglingsweihe der Knaben stattfindet. Frauen dürfen diesen heiligen Bezirk nicht betreten. In dem Haus werden Reliquien aufbewahrt: alte Schilde, Tierknochen, besonders von Schweinen und Kuskusarten, und gelegentlich Totenschädel von Ahnen.

Nachdem ich die hiesigen Geisterhäuser besichtigt hatte, wollte ich dem Fly zu Fuß und mit dem Flugzeug bis zu der Stelle stromabwärts folgen, wo der Fluß das Gebirge verläßt und sich durch die Papua-Ebene weiterschlängelt. Ich kannte bereits die Gebiete am Unterlauf des Flusses, vor allem den als Trans-Fly Country bekannten Landstrich mit weiten bewaldeten Ebenen, Sümpfen und Lagunen, aber ich hatte noch keine Gelegenheit gehabt, den eindrucksvollen Oberlauf zu erforschen, wo der Fly ein reißender Gebirgsfluß ist, der durch tiefe Schluchten fließt.

Irgendwann gegen Mitternacht ließ das Gewitter allmählich nach, und als der Regen zu einem bloßen Nieseln geworden war, wollte ich mich hinlegen. Als ich die Wände des kahlen Raumes mit meiner Taschenlampe ableuchtete, zeigte sich, daß ich Gesellschaft bekommen hatte. An den Wänden saß ein ganzer Miniaturzoo. Eine Ansammlung von Grillen, Nachtfaltern und Käfern hatte hier vor dem Regen Schutz gefunden, und mehrere im Hause lebende Geckos machten Jagd auf sie. Drei kleine Spinnen liefen über den Fußboden, aber nachdem ich mich davon überzeugt hatte, daß sie harmlos waren, hatte ich keine Bedenken, mein Nachtquartier mit ihnen zu teilen. Hätte eine von ihnen sich als Vogelspinne erwiesen, hätte ich mich nicht so ruhig ausgestreckt. Ihr Biß ist nicht tödlich, wie ich bestätigen kann, weil ich einmal von einer in den Fuß gebissen worden bin. Aber er war sehr schmerzhaft, und ich mußte mit Schwindelanfällen, Übelkeit und einem dick geschwollenen Fuß im Bett bleiben.

Ich lag eine Zeitlang da und horchte auf das Rauschen des Wassers in den steilen Bachbetten. Dann hörte ich weitere Laute: irgendwo quakten Frösche. Da ich schon immer Reptilien und Amphibien gesammelt habe, zog ich meine Schaftstiefel an und nahm die Taschenlampe mit. Ich folgte einem Dorfpfad in den Regenwald und sah bald überall Frösche umherhüpfen. Männchen saßen auf Felsen, Blättern und dünnen Stämmen von Rotangpalmen. Einige hockten unerschrocken mitten auf dem Weg, und ihre Kehlsäcke pulsierten im Rhythmus ihrer Paarungsrufe. Ein Prachtexemplar von Zweifels Frosch, dessen Haut im Licht meiner Taschenlampe golden und braun leuchtete, saß auf einem schwarzen Felsen und quakte aus Leibeskräften, um ein

Weibchen anzulocken. Dann witterte er plötzlich Gefahr und drehte sich halb nach mir um. Ich blieb so still wie möglich stehen und bemühte mich, den Lichtstrahl nicht zittern zu lassen. Ihm lag anscheinend sehr daran, ein Weibchen zu finden, denn er wandte sich bald wieder ab und stieß erneut seinen Paarungsruf aus. Ich ging langsam rückwärts und sah mich nach weiteren Arten um; insgesamt entdeckte ich acht, hauptsächlich Baumfrösche aus der Familie der Hylidae, die auch in Australien, in anderen tropischen und in gemäßigten Zonen vorkommen. Einige paarten sich gerade, andere schienen paarungswillig. Auf dem Rückweg zum Rasthaus wäre ich beinahe mit einem Schwarm Fledermäuse zusammengestoßen, die auf der Jagd nach Insekten den Pfad hin- und herflogen. Ich beleuchtete sie mit der Taschenlampe und konnte zwei oder drei Arten unterscheiden.

Am nächsten Morgen war das Wetter strahlend schön. Die von mitgeführtem Erdreich rötlichgelben Bäche rauschten hinter dem Dorf zu Tal und rissen dabei Steine und kleine Felsbrocken mit. Von einem Hügel außerhalb von Golgubip waren die tiefen Einschnitte zu erkennen, die diese kleinen Flyzuflüsse in der Hindenburg-Wand hinterlassen haben. Miniaturwasserfälle ergossen sich über die Felskanten ins Leere und bewiesen eindringlich, welche Wassermengen während des Gewitters abgeregnet worden waren.

Ich verbrachte den Tag damit, mehrere Geisterhäuser zu besuchen und meine Notizen und Photos zu ergänzen. Nach einer ruhigeren Nacht beendete ich die Vorbereitungen für meinen Marsch den Fly hinab. Ich hatte mich mit den Dorfbewohnern angefreundet, und etwa ein halbes Dutzend Eingeborene waren bereit, mich als Träger zu begleiten. Sie waren eine malerische Gruppe, deren einziges Kleidungsstück eine Penishülle aus einem Flaschenkürbis war, dessen Ende an einem Bastgürtel festgebunden wurde. Dazu trugen sie alltags über der Brust gekreuzte Gurte, Schmuckketten oder aufgereihte Federkiele von Kasuarenflügeln. Einige von ihnen trugen außerdem Gesichtsschmuck: zwei Hörner des Goliathkäfers, die in die durchbohrte Nase eingesetzt worden waren.

Eine Buschgrille hängt unsicher an einem Baumblatt, während sie die zu eng gewordene harte Außenhaut abstreift. Das frisch gehäutete und verwundbare Insekt versteckt sich dann im Laub, bis die neue Haut hart geworden ist. Aber bevor es ausgewachsen ist, muß es sich noch mehrmals häuten.

Unser Ziel am ersten Tag war das Dorf Olsobip, das sich ungefähr fünfzehn Kilometer weiter im Südwesten befindet. Olsobip liegt nur etwa 450 Meter hoch, und da wir in über 1500 Meter Höhe in den Bergen waren, stand uns ein steiler Abstieg bevor. Wir folgten einem Weg, der durch prächtigen Mittelgebirgswald und dann zum Fly River hinunterführte. Obwohl die Sonne am Himmel stand, war es im Wald so düster, daß ich nur Zeitaufnahmen machen konnte. Aber ich hatte wenig Gelegenheit, die Szenerie zu bewundern, denn der Pfad führte bald steil bergab und erforderte meine ganze Aufmerksamkeit. Nasse, moosbewachsene Wurzeln schlängelten sich über den Weg, während man an anderen Stellen auf glattem, nassem Kalkstein ausrutschen konnte. Einmal rutschten mir die Beine weg, so daß ich zum Entzücken der Träger schwer auf dem Hinterteil landete. Sie amüsierten sich ebenso, als ich eine ebene weiße Fläche überquerte, die ich für Sandboden hielt. Dort bildeten einige Äste einen Behelfssteg, aber zwei oder drei fehlten. Als ich den Fuß auf scheinbar festen Sand setzte, merkte ich, daß sich unter einer dünnen Oberflächenschicht tiefer Schlamm verbarg. Zwei der Träger zogen mich heraus und brüllten dabei vor Lachen. Mein Bein war mit Schlamm überkrustet, aber ansonsten war mir nichts passiert – nur meine Würde hatte etwas gelitten.

Der Marsch war anstrengend, und ich atmete erleichtert auf, als wir am Rand einer großen Lichtung rasteten. Um unsere Augen nach dem Halbdunkel des Bergwaldes an das grelle Sonnenlicht zu gewöhnen, blieben wir im Schatten der Bäume stehen oder setzten uns auf Felsblöcke am Wegrand. Einer der Träger, der mir gegenübersaß, schien gar nicht zu merken, daß zwei Skinke sich um seine Füße herum jagten. Im Schatten waren sie dunkelgrau mit weißen und schwarzen Seitenstreifen, aber wenn sie in die Sonne kamen, glitzerten ihre Körper in allen Regenbogenfarben. Als eine Heuschrecke auf das Bein des Trägers sprang und er sich nach vorn beugte, um sie zu erschlagen, verschwanden die Echsen unter dem Felsen. Ich sah jedoch noch viele andere, die durch Gras und Laub raschelten oder in der Sonne lagen. Dann flatterte ein großer Schwarm leuchtendgelber Schmetterlinge der Gattung *Catopsilia* auf die Lichtung, und viele von ihnen ließen sich für einige Sekunden auf uns nieder.

Als wir eben weitermarschieren wollten, kreisten zwei Edelpapageien hoch über uns. Solange sie über die Baumwipfel flogen, erschienen sie uns nur als schwarze Silhouetten vor dem leuchtenden Blau des Himmels – aber in Wirklichkeit sind Männchen und Weibchen auffällig farbenprächtig. Der Körper des Männchens schillert hauptsächlich grün, während die Flügelvorderkanten und die Schwungfedern dunkelblau und die Körperflanken und Flügelunterseiten scharlachrot sind. Das Weibchen ist sogar noch farbenprächtiger, ganz im Gegensatz zu der sonst bei Vögeln üblichen Norm. Sein Federkleid ist kräftig rot mit einem breiten violetten Brustband, das in einen gleichfarbigen schmaleren Rückenstreifen übergeht. In dem gleichen Blauviolett sind Flügelvorderkanten, Schwungfedern und Flügelunterseiten gehalten. Männchen und Weibchen sind so verschieden, daß sie früher als eigene Arten galten.

Die Papageien flogen laut kreischend über uns hin und her, aber obwohl ich davon überzeugt war, ihr Nest müsse sich in der Nähe befinden, hatten wir keine Zeit, danach zu suchen. Den Trägern ging es darum, Olsobip vor Einbruch der Dunkelheit zu erreichen. Wir durchwateten den Fly River an einer Stelle, an der das Flußbett mit Kalksteinbrocken übersät war, und folgten dann einem weniger steilen Pfad, der an ehemaligem Gartenland vorbeiführte, das jetzt dichten Sekundärbewuchs aus Ranken und Büschen aufwies. Auf dem gegenüberliegenden Ufer stieg der Regenwald steil an, die oberen Äste der Bäume waren mit Moos, Farnen, Orchideen und Hoyaranken (Wachsblumen) besetzt. Nach ungefähr zwei Kilometern überquerten

Der orientalische oder heilige Lotos ragt mit rosa Blüte, runden Blättern und Samenkapsel aus dem Wasser des Lake Murray. Aus der schalenförmigen Oberfläche der Frucht ragen rote Samen, die in reifem Zustand eßbar sind. Blüten- und Blattstengel wachsen aus einem Gewirr von Wurzelstöcken hervor, die in den Schlamm eingebettet sind und über 10 Meter lang werden können.

wir den Fluß wieder, marschierten im Dschungel weiter und verloren den Fly, der jetzt durch eine schmale, über fünfzehn Meter tiefe Schlucht rauschte, zeitweise aus den Augen. Bei Sonnenuntergang erreichten wir Olsobip – eine Ansammlung von Hütten auf einer ebenen Terrasse über dem Tal. Der Fluß war hier viel breiter und tiefer, und das Wasser brach sich schäumend an massiven schwarzen Felsen.

Am nächsten Tag starteten wir von einem Landeplatz außerhalb des Dorfes nach Süden. Bevor der Fly das Gebirge verläßt und die Große Papua-Ebene erreicht, fließt er durch die Gum Gorge, eine großartige Schlucht mit beinahe senkrechten Wänden. Diese Schlucht ist kaum eineinhalb Kilometer lang, aber äußerst eng – von Wand zu Wand sind es ungefähr 300 Meter. Der Behelfsflugplatz liegt am Eingang der Schlucht, so daß wir gleich nach dem Start zwischen ihren Steilwänden hindurchflogen. Die Tragflächenenden unserer kleinen einmotorigen Maschine schienen den Felsen so nahe zu sein, daß ich fürchtete, sie könnten sie streifen. Im Vorbeirasen konnte ich aus unbehaglich geringer Entfernung das „hängende Moor" betrachten mit seinen Moosen, Gräsern und kleinen Büschen, die mit ihren Wurzeln an der Felswand hingen. Ich hoffte, daß der Pilot sein Handwerk verstand, und zwang mich dazu, auch nach unten zu sehen, wo das glatte dunkle Band des Fly River, der eingezwängt in sein enges Bett durch die Schlucht rauschte, mit silbernen Schaumkronen besetzt war.

Unser Flug – und meine Beobachtung des Flusses – endete in Kiunga, ungefähr 65 Kilometer südwestlich von Olsobip. Ab dort ist der Fly bis zu seiner etwa 800 Kilometer entfernten Mündung für Frachtkähne schiffbar. Hinter Kiunga geht das Gebirge in niedrige Hügel über, die dann im Grau-Grün des Regenwaldes verschwinden. Über diese weite Ebene hinweg konnte ich sehen, wie der Fly, der jetzt durch weitere Zuflüsse viel breiter geworden war und mehr Wasser führte, sich in Mäandern nach Süden zum Meer hinschlängelte. Ich hatte ungefähr 80 Kilometer des 1000 Kilometer langen Flußlaufes gesehen – zugegebenermaßen eine verhältnismäßig kurze Strecke, aber dafür ist der Fly hier wilder und majestätischer als sonstwo.

Es war schwierig, den durch Mittelgebirgswälder rauschenden Wildwasserfluß mit dem ruhigen, gleichmäßig fließenden Strom im tiefer gelegenen Trans-Fly Country gleichzusetzen. Dieses Gebiet liegt unmittelbar jenseits des Zusammenflusses von Fly und Strickland, eines weiteren, fast ebenso großen Flusses, der aus den über 3000 Meter hohen Bergen der Western Highlands kommt. Das Trans-Fly Country ist wegen der dort auftretenden Malaria nur dünn besiedelt, und da dort nicht viel gejagt wird, sind in dieser üppigen Wildnis Tiere häufig, die in anderen Teilen Papua-Neuguineas für selten gelten: Kasuare, Wallabys, Beuteldachse und Krontauben.

Ein dichtes Waldgebiet umgibt den Lake Murray, etwa 65 Kilometer vom Zusammenfluß von Fly und Strickland entfernt. Als ich zum letztenmal an diesem See war, war er bei hohem Wasserstand mit blauen, weißen und rosa Seerosen übersät, deren Blüten im Durchmesser etwa 15 Zentimeter groß waren. Tagsüber ist der See bunt und friedlich, aber nachts kann er bedrohlich wirken, wenn die Krokodile auf Futtersuche sind und ihre roten oder orangeroten Augen im Lichtstrahl einer Taschenlampe glitzern. Kein Tier reagiert überstürzter als ein Krokodil, das plötzlich merkt, daß es von einem interessierten Naturforscher beobachtet wird. Eine rasche Schwanzbewegung, aufspritzendes Wasser – und schon ist es verschwunden. Eine Minute später kommt es an die Oberfläche zurück, läßt nur Nasenlöcher und Augen aus dem Wasser ragen und erwidert den Blick. Ich sah einmal ein Krokodil in einem der auf dem See treibenden Seerosenfelder. Als mein Kanu lautlos nähertrieb, beobachtete es mich unbeweglich. Aber sobald ich nur noch zehn Meter von ihm entfernt war, tauchte es hastig unter und wirbelte dabei Seerosen in die Luft. Die Größe eines Krokodils kann man an der Augengröße abschätzen. Ich bin nachts manchmal in seichtes Wasser hinausgewatet und habe ein junges, unerfahrenes Krokodil zu fassen bekommen. Sie sind harmlose kleine Tiere, die nur entsetzt quietschen, bis man sie wieder freiläßt. Aber sobald ein Krokodil etwas älter und ungefähr einen Meter lang ist, ist es kaum noch zu bändigen, wenn es sich freizappeln und in tieferes Wasser flüchten will. Krokodilen mit über einem Meter Länge geht man lieber aus dem Weg, weil sie bereits sehr gefährlich zubeißen können.

Im Lake Murray leben zwei Arten: das Leistenkrokodil und das Neuguinea-Krokodil. Ersteres, das bis zu zehn Meter lang werden kann, frißt

Mit weit aufgerissenem Rachen wirbelt ein Leistenkrokodil das trübe Wasser eines Flusses im südlichen Papua-Neuguinea auf. Diese größere der beiden Krokodilarten Neuguineas kann bis zu sieben Meter lang werden. Beide Arten ernähren sich hauptsächlich von Fischen und kleinen Tieren, die in ihre Reichweite kommen; das Leistenkrokodil greift auch Menschen an.

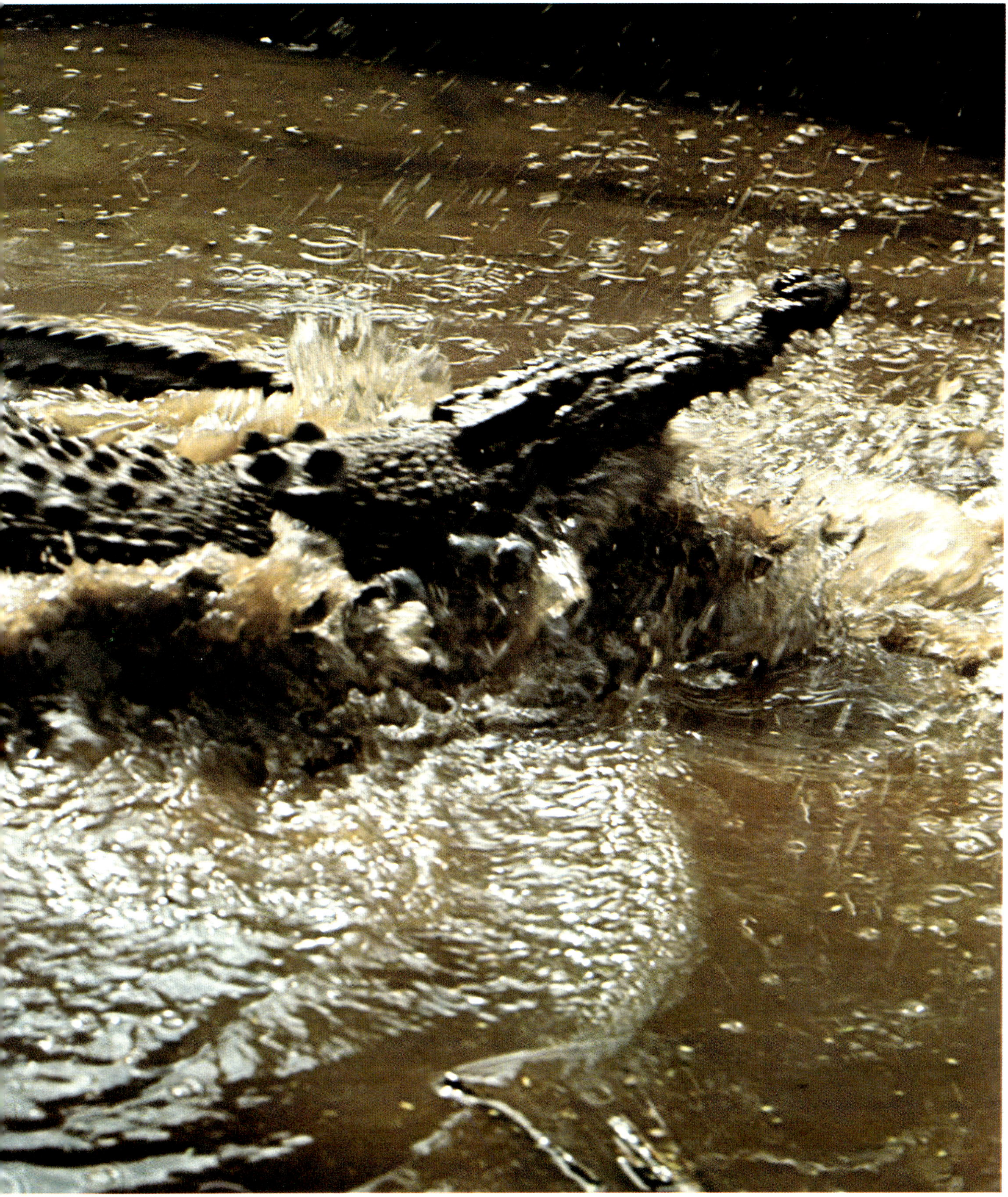

auch Menschen, obwohl es sich hauptsächlich von Fischen und zur Tränke kommendem Wild ernährt. Das Neuguinea-Krokodil, das selten länger als 4 Meter wird, frißt fast ausschließlich Fische. Beide Arten bevorzugen den Barramunda, einen riesigen Fisch, der über 50 Pfund wiegen kann. Der Barramunda wandert jedes Jahr vom Lake Murray zum Meer – eine Strecke von über 500 Kilometer –, um in der Fly-Mündung oder vor der Küste zu laichen. Sein Fleisch wird auch von den Eingeborenen geschätzt, die ihm auf verschiedene Weise nachstellen. Manchmal benutzen die Dorfbewohner primitives Angelzeug; gelegentlich schießen sie Barramundas mit Pfeil und Bogen oder harpunieren sie vom Kanu aus.

Außer Krokodilen sind nachts noch viele andere Tiere im und am Lake Murray lebendig. Als ich mit einer starken Taschenlampe das Ufer entlangging, sah ich Frösche, die durch abgefallenes Laub hüpften, und eine braune Baumschlange, die langsam durch die Zweige glitt. Regenbogenfische mit lebhaft grün und hellviolett gestreiften Flanken schwammen dicht am Ufer, wo sie Algen und Insekten fraßen, und Wasserkäfer bewegten sich auf der Oberfläche. Ein leises Platschen konnte von einem Frosch herrühren, der ins Wasser gesprungen war, aber es konnte ebensogut von einer Javanischen Warzenschlange stammen. Diese im sumpfigen Trans-Fly Country, im Westen und am Golf häufige kräftige Schlange, die harmlos ist, wird bis zweieinhalb Meter lang und hat eine lockere Haut, die sich wie eine grobe Feile anfühlt. Außerhalb des Wassers wirkt sie geradezu häßlich; hält man sie in der Mitte hoch, sackt der Körperinhalt nach beiden Enden hin zusammen, so daß die Schlange an ein Paar alte Strümpfe erinnert. Aber im Wasser, ihrer natürlichen Umgebung, ist sie eine sehr anmutige und ausdauernde Schwimmerin. Ich konnte einmal beobachten, wie eine Warzenschlange einen reißenden Fluß durchquerte. Jede andere Schlange wäre hilflos abgetrieben worden, aber diese schwamm mühelos dicht unter der Oberfläche, tauchte gelegentlich auf, um Luft zu holen, und erreichte ohne Schwierigkeiten das andere Ufer.

Auf meiner Wanderung den Lake Murray entlang entdeckte ich fast in Griffweite einen kleinen Honigfresser, der fest schlafend auf einem Zweig saß und sein Gefieder so gesträubt hatte, daß er wie eine Flaumkugel aussah. Wie der Honigfresser sind die meisten Vögel dieses Gebiets Tagvögel, aber ich hörte genügend unbekannte Vogelrufe, die verrieten, daß Nachtvögel unterwegs waren, und konnte das dumpfe „um, um, um" des Riesenschwalms identifizieren – ein Vogel Südostasiens und Australiens, der dem Ziegenmelker gleicht. Der Riesenschwalm fängt Insekten im Flug, und ich habe sogar einen gesehen, der Jagd auf kleine Fledermäuse machte.

Südlich des Lake Murray, wo Fly und Strickland sich vereinigen und gemeinsam zum Meer fließen, werden die Ufer höher und das Flußbett breiter. Jetzt strömt das Wasser langsamer und ist durch mitgeschwemmtes rötlichbraunes Erdreich so trüb, daß man seine Hand schon fünfzehn Zentimeter unter der Oberfläche nicht mehr sieht. Etwa 250 Kilometer vor der Mündung ist der Fly-Strickland fast eineinhalb Kilometer breit, aber die Navigation ist trotzdem schwierig, weil das Fahrwasser mit großen Schlamminseln – einige bis zu acht Kilometer lang – durchsetzt ist. Die Strömungsgeschwindigkeit dieses mächtigen Flusses nimmt sogar noch weiter ab, weil an der Mündung die Flut dagegendrückt, so daß er sich um unzählige Schlammbänke und winzige Inseln herum ausbreitet. Das Fly-Delta ist ungefähr 100 Kilometer breit, und sein durch Schwemmstoffe getrübtes Wasser strömt etwa 70 Kilometer weit in den Golf von Papua hinaus, der infolge der Ablagerungen nach 15 Kilometern erst 60 Meter tief ist.

Schlammbänke dicht unter der Wasseroberfläche, treibende Baumstämme und Nipapalmen stellen ständige Gefahren für die Schiffahrt dar; viel gefährlicher ist jedoch die Flutwelle, die an den ersten drei Neumondtagen im Unterlauf des Fly River auftritt. Die durch die Anziehungskraft des Mondes hervorgerufene Springflut kehrt durch ihren größeren Druck die Strömungsrichtung des Flusses um. Eine zwei Meter hohe Wasserwand, die oft noch durch kleinere Wellen verstärkt wird, rast bis zum Zusammenfluß mit dem Strickland hinauf und richtet an beiden Ufern Verwüstungen an.

Jack Hides, einer der Erforscher Neuguineas, erlebte 1937 die katastrophalen Auswirkungen dieser Flutwelle am Fly River. Er befand sich auf der Rückfahrt in einem Kanu mit zwei Eingeborenen, Nou und Bije, und seinem kranken Begleiter David Lyall. Als sie flußabwärts paddelten, hörten sie durch Wind und Regen ein langanhaltendes dumpfes Grollen. Da sie ahnten, was kommen würde, beeilten sie sich, ans Ufer zu gelangen, und schleppten Lyall zum höchsten Punkt hinauf. Nou blieb bei dem Kranken, während Hides und Bije versuchten, das Kanu und ihre Ausrüstung zu retten. Sie hatten nur noch Zeit, das Kanu notdürftig zu verankern, indem sie die Paddel in den Schlamm steckten. Minuten später brach eine weißschäumende Wasserwand mit solcher Gewalt über sie herein, daß das Kanu und die beiden Männer flußaufwärts getrieben wurden. Hides versuchte, nach Atem ringend, ans Ufer zu schwimmen, aber die Flutwelle riß ihn weiter mit sich.

Als er endlich das Ufer erreichte, konnte er nicht höher hinaufklettern, weil Dornenranken ihm den Weg versperrten, und mußte am Fluß entlang zu der Stelle zurückklettern, wo Nou und Lyall warteten. Dann stemmte Hides die Ranken mit einer Stange hoch, damit sie darunter vor Wind und Regen Schutz suchen konnten. Sie verbrachten eine schauderhafte Nacht, wurden von Moskitos und Sandfliegen überfallen und machten sich Sorgen um Bije, der vermutlich ertrunken war, und wegen des Verlustes aller Lebensmittel, ihrer Ausrüstung und des Kanus. Am nächsten Morgen tauchte Bije jedoch wieder auf, und sie benutzten sein feststehendes Messer, um ein primitives Floß zu bauen, mit dem sie weiterfuhren. Sie erreichten Daru erschöpft und ausgehungert, aber diese Fahrt war zu anstrengend für Lyall gewesen. Er starb einige Tage später.

Ich habe die Flüsse und Seen im Süden Papua-Neuguineas selbst ziemlich eingehend erforscht. Ich habe die Wasserläufe des Tieflandes mit Motorbooten und Eingeborenenkanus bereist, bin in kristallklaren Flüssen geschwommen und habe dabei zahlreiche faszinierende Fische und Wasserinsekten beobachtet. Auf der Suche nach interessanten Tieren und Pflanzen bin ich mehrmals im sogenannten Lake District gewesen.

Der Lake District im Norden der Fly-Mündung besteht aus zahllosen Seen und Lagunen, die mit grünen Inseln durchsetzt sind, und erhält sein Wasser vom Aramia River. Auf einer meiner Reisen hatte ich mit eingeborenen Kanubesitzern vereinbart, daß wir die Balimo-Lagune, die größte der dortigen Lagunen, überqueren wollten.

Das Kanu erwies sich als wunderbares Transportmittel. Da ich nicht nur Fahrgast sein wollte, gesellte ich mich zu den fünf Eingeborenen, die das zehn Meter lange Kanu paddelten, und stellte nach anfänglichen Befürchtungen fest, daß ich erstaunlich gut mithalten konnte. Das Kanu wirkte wenig stabil, und da die Paddler hintereinander stehen mußten, hatte ich Sorgen wegen des Gleichgewichts. Aber die Eingeborenen nahmen mich klugerweise in die Mitte, und ich brauchte nicht lange, bis ich meinem Vordermann die richtige Paddeltechnik abgeschaut hatte. Als sie sahen, daß ich mithalten konnte, erhöhten sie das Tempo, so daß wir durchs Wasser flitzten.

Wenn wir langsamer paddelten oder anhielten, konnte ich mich umsehen. Einmal flogen mehrere Zwerg-Seeschwalben auf, als wir uns ihrem Rastplatz am Ende der Lagune näherten. Über uns segelten zwei Flötenweihen im Aufwind; Reiher und Blatthühnchen wateten in seichtem Wasser oder liefen über Seerosenfelder. Ein kleiner schwarzer Kormoran tauchte an einer Stelle, wo das Wasser klar war, nach Fischen. Dies war einer jener idyllischen Augenblicke, in denen man das Leben für vollkommen halten könnte: die Sonne schien, von den Paddeln tropfte lautlos Wasser, die Vögel waren auf Nahrungssuche – und das alles vor einem lebhaft grünen Hintergrund aus Gras, Buschland und den mit Palmblättern gedeckten Häusern des Dorfes Balimo am Rand der Lagune.

Die übrige Flora und Süßwasserfauna dieses noch weitgehend unberührten Gebiets erstaunt mich jedesmal wieder, und bisher ist fast jede Reise aus irgendeinem Grund besonders lohnend gewesen. Einmal hatte ich ein Motorboot gemietet, um mich den Kikori hinauffahren zu lassen, wo ich Eingeborenendörfer besuchen wollte, um traditionelle Holzschnitzereien und andere einheimische Kunstgegenstände zu katalogisieren und zu sammeln. Mein Ausgangspunkt, die Stadt Kikori, liegt am Westrand des riesigen Purari-Deltas, wo die Landschaft durch Kokosplantagen und andere Anpflanzungen verändert worden ist. Wir befanden uns bald im Schatten des Sekundärwaldes. Ganze Vorhänge von Kletterpflanzen hingen von Bäumen ins Wasser, wo ihre Blätter sich in der Strömung bewegten. Wir kamen an leuchtend

Eine frisch ausgeschlüpfte Neuguinea-Schnapperschildkröte kriecht über die anderen Eier im lehmigen Erdreich des Geleges. Während die junge Schildkröte langsam heranwächst, entwickeln sich bei ihr die lange Schnauze, die kräftigen Kiefer und die aggressive Art, denen dieses Binnenwasserreptil seinen Namen verdankt.

scharlachroten Blüten der D'Albertis-Schlingpflanze vorbei, die vor gut hundert Jahren zum erstenmal von dem italienischen Forscher Luigi D'Albertis beschrieben worden ist. Die Pflanzen hingen in großen Kaskaden von den Baumkronen herab; viele ihrer Blüten waren abgefallen und trieben als Farbtupfer auf dem Wasser.

Als wir weit ausholten, um die Rinne zwischen zwei Schlammbänken zu passieren, sah ich die Spuren einiger Papua-Weichschildkröten, die an Land gekrochen waren, um ihre Eier abzulegen. Ich gab meinem Steuermann ein Zeichen, er solle anlegen, und sprang aus dem Boot, um mir die Gelege anzusehen. Im nächsten Augenblick verschwand ein großer Waran im Unterholz. Er hatte ein Schildkrötengelege aufgegraben, bereits einige Eier gefressen und etwa zwanzig weitere zurückgelassen. Sie waren etwa doppelt so groß wie ein Golfball und hatten harte, pergamentähnliche Schalen. Das Nest war ungefähr 30 Zentimeter tief in den Schlick eingegraben. Nur zwei der insgesamt zwölf Gelege schienen unberührt zu sein; alle anderen waren von den gefräßigen Echsen ausgeraubt worden.

Die Papua-Weichschildkröte ist ein ungewöhnliches Tier, das Ähnlichkeit mit der im Meer lebenden Suppenschildkröte hat; allerdings ist ihr Panzer stärker gewölbt und besteht nicht aus Hornplatten, sondern ist mit einer Lederhaut überzogen. Die Nasenlöcher sind zu zwei Röhren verlängert, so daß nur die äußersten Spitzen aus dem Wasser zu ragen brauchen, wenn die Schildkröte nach oben kommt, um Luft zu holen. Sie hat Schwimmflossen wie eine Meeresschildkröte und lebt im Brackwasser der Flußmündungen am

Golf von Papua bis hinüber zur Südküste von West-Irian und in den Flüssen des australischen Northern Territory. Ihre Nahrung besteht hauptsächlich aus den Früchten der dort wachsenden Mangroven. Trotz der Plünderung der Gelege durch Warane und andere Raubtiere bleibt die Zahl der Papua-Weichschildkröten verhältnismäßig konstant.

Nachdem ich die heilgebliebenen Eier mit Schlick bedeckt hatte, kletterte ich an Bord zurück, und wir fuhren an dichterem Wald vorbei flußaufwärts. Später landete ich auf einer kleinen Kalksteininsel, die mit Bäumen und vielen kleineren Pflanzen bewachsen war. An einer hohen, geraden Felswand entdeckte ich zu meinem Entzücken eine seltene Begonienart, die ich für den Universitätspark in Port Moresby mitnehmen wollte. Im Gegensatz zu den leicht halbmondförmigen Blättern mancher Begonienarten hatte diese hier fast kreisrunde Blätter von zehn bis zwanzig Zentimeter Durchmesser, die auf kurzen Stengeln wuchsen. Allein an dieser Felswand standen etwa hundert Pflanzen. Einige hatten kleine leuchtendrosa Blüten, die auf hohen Stengeln über den scheibenförmigen Blättern standen. Um diese Kolonie nicht zu zerstören, nahm ich nur wenige Exemplare mit.

Eine halbe Stunde später hatten wir stromaufwärts das Ende des Sekundärwaldes mit seinem dichten Unterholz erreicht und legten zum Mittagessen an einer Stelle an, wo wir herrlichen Primärwald mit hohem Kronendach und dick mit Laub bedeckten freien Boden vor uns hatten. Bei einem Spaziergang nach dem Essen bewegte ich mich unter Bäumen mit gewaltigen brettartigen Stützwurzeln. Zwei dieser Riesen waren zum Tode verurteilt: sie waren in die stetig enger werdende Umarmung von Würgefeigen geraten. Zwischen den Stützwurzeln hatte sich Laub angesammelt, und kleine Tiere hatten dort Gänge angelegt, die bis unter die Wurzeln reichten. Mir blieb leider keine Zeit für weitere Beobachtungen, denn unser Ziel, das Dorf Barakiwa, lag noch ziemlich weit entfernt stromaufwärts. Aber ich war mit diesem Tag schon hochzufrieden, weil ich die seltene Begonienart entdeckt und einige Pflanzen mitgenommen hatte.

Das Unterwasserleben in Flüssen und Seen ist für mich ebenso interessant wie das, was über dem Wasser beobachtet werden kann. Süßwassertiere sind zu oft dadurch studiert worden, daß man sie zu diesem Zweck aus dem Wasser geholt hat; ich finde aber, daß das Tauchen mit Schnorchel oder Atemgerät wertvolle Erkenntnisse bringen kann. Am Gebirgsrand gibt es in etwa 450 Meter Höhe zahlreiche Flüsse voller interessanter Fisch- und Insektenarten. Ich habe schon mehrmals mit Maske und Schnorchel im Ei Creek getaucht, der ungefähr 65 Kilometer landeinwärts von Port Moresby liegt. Als ich einmal etwas Sand vom Boden aufwirbelte, schossen ganze Schwärme kleiner, lebhaft gefärbter Regenbogenfische heran, um die mikroskopisch kleinen Lebewesen zu fressen, die dabei zum Vorschein gekommen waren. Wasserkäfer, Libellenlarven und Würmer bewegten sich zwischen den in Felsspalten wachsenden Wasserpflanzen. Bei anderer Gelegenheit beobachtete ich, wie eine riesige Wasserwanze mit zangenartigen Vorderbeinen eine große Kaulquappe angriff und tötete. Diese Wanzen sind etwa zehn Zentimeter lang und so gute Schwimmer, daß selbst Fische nicht vor ihren Angriffen sicher sind. Jedes Jahr zu Beginn der Regenzeit schwärmen die ausgewachsenen Wasserwanzen. Sie fliegen zu Tausenden beleuchtete Stadtteile an, aber warum sie das tun und wohin sie unterwegs sind, bleibt ein Rätsel, das die Forschung noch nicht gelöst hat.

Bei der Erforschung von Seen hat man mit einem Sauerstoffgerät größere Möglichkeiten als mit Maske und Schnorchel. Auf dem Boden einer Lagune bei Port Moresby sitzend, habe ich schon viele Unterwasserschauspiele aus nächster Nähe miterlebt. Einmal beobachtete ich einen Schwarm Buntbarsche – aus Afrika eingeführte eßbare Fische. Die Buntbarsche sind Maulbrüter. Das Männchen fächelt mit den Flossen eine Vertiefung in den Sand, in die das Weibchen seine Eier legt; dann nimmt das Männchen die Eier ins Maul und behält sie darin, bis die Jungen ausgeschlüpft sind. Ganz in meiner Nähe suchte eine Süßwasserkrabbe im Sediment auf dem Seegrund nach Nahrung, und langbeinige Garnelen liefen hin und her und versteckten sich in Felsspalten, sobald sie sich bedroht fühlten. Eine Kurzhalsschildkröte trieb in mein Blickfeld. Ihr Kopf und der schwarze Rückenpanzer waren über Wasser unsichtbar, aber von unten konnte ich den scharlachrot und gelblich gefärbten Bauchpanzer bewundern.

Die Schildkröte tauchte und kam bis auf einen Meter an mich heran, bevor sie Gefahr witterte; sie nahm sich nicht die Zeit, mich zu betrachten, sondern wendete und schwamm hastig davon. Es ist überraschend, wie schnell sich ein Tier bewegen kann, wenn es sich bedroht fühlt – und in diesem Fall merkte ich, daß das auch für mich galt. Als ich mich umdrehte, durchzuckte mich ein eisiger Schrecken: nur sechs oder sieben Meter hinter mir entdeckte ich ein Krokodil. Es war wahrscheinlich nicht länger als zwei Meter, aber unter Wasser wirkte es viel größer. Der Schock genügte, um mich so schnell auftauchen zu lassen, daß ich das Gefühl hatte, mit meinen Schwimmflossen zu gehen. Dann machte ich, daß ich ans Ufer kam, und hatte für diesmal genug von den Unterwasser-Abenteuern.

AUSFLUG IN DIE WILDNIS / # Über die Astrolabe Range

Von einem kleinen Hügel gut 25 Kilometer landeinwärts von Port Moresby aus blickten der Photograph Eric Lindgren und ich nach Osten über hügeliges, bewaldetes Grasland am Ausgang des Rouna Valley. Das Tal selbst liegt zwischen zwei Bergkämmen der Astrolabe Range, eines niedrigen Gebirgszuges, der die Vorberge der hohen Owen Stanley Range säumt, die wiederum einen Teil des Rückgrats von Papua-Neuguinea bildet.

Eric und ich waren hergekommen, um eine zweitägige Wanderung zu beginnen, die uns durch verschiedene Vegetationszonen zwischen diesen bewaldeten Savannen und primärem Regenwald führen würde. Wir hofften, das vielfältige und unterschiedliche Tier- und Pflanzenleben aller dieser Zonen beobachten zu können.

Im Vordergrund stand schöner Eukalyptuswald, aber wo die Bäume weniger dicht wuchsen, war der Boden mit hohem Gras der Arten *Themeda* und *Imperata,* dem sogenannten Schwertgras, bewachsen. Über dem Hügelland erhoben sich die 100 m hohen Twin Peaks. Vor uns stieg das Rouna Valley allmählich an, bis es auf den Steilabbruch des Sogeri Plateaus der Astrolabe Range traf. Am Taleingang ergossen sich die Fluten des Laloki River als breite weiße Schaumbahn über die Rouna Falls hinab in einen nebelverhangenen See. Nach Norden hin wurde das Tal von den überhängenden Klippen eines langen Ausläufers der Astrolabe Range begrenzt, der allgemein als Hombrom Bluff – nach dem französischen Naturforscher Hombrom – bekannt ist.

Etwas südlich davon fielen vom Grat des Varirata Escarpment die weniger steilen Agglomeratflanken ab, die hauptsächlich mit Graslandvegetation bewachsen waren, zwischen der stellenweise halbimmergrüner Regenwald auftrat. Der kleine Einzelgipfel des Mount Hiwick stand wie ein einsamer Wachtposten am Talzugang.

Unser Ziel

Wir hatten die Absicht, das Rouna Valley bis zu den Wasserfällen hinaufzusteigen, dort nach Norden abzubiegen und auf den 450 Meter höheren Rücken des Varirata Escarpment zu klettern, auf dem wir unser Lager für die Nacht aufschlagen würden. Am nächsten Tag wollten wir das hügelige Sogeri Plateau überqueren, um Ower's Corner, ein größeres, ehemals landwirtschaftlich genutztes Gebiet, zu erreichen. Von dort aus würden wir absteigen, auf dem Kokoda Trail bleiben und den Goldie River durchwaten, bevor wir unser Ziel erreichten – die Imita Ridge.

Wir verließen unseren Hügel und marschierten auf einen von Bäumen und Unterholz umgebenen Sumpf zu. Wegen der ungewöhnlich langen Regenzeit stand er noch voll Wasser, obwohl er bald nur noch eine ausgetrocknete Senke mit lehmigem Boden sein würde. Kerzenbüsche, deren gelbblühende Blütenstände an brennende Kerzen erinnern,

DIE TWIN PEAKS DES MOUNT NEBIRE

hingen über den Rand des Sumpfes; hohe Eukalyptus- und Papierrindenbäume wuchsen in weitem Kreis an seinem Ufer.

Ein Schwarm weißköpfiger Stelzenläufer, den wir aufgescheucht hatten, flog auf, wobei das schwarz-weiße Gefieder dieser Vögel durch das Blaßrosa ihrer nachgeschleppten Beine betont wurde. Während sie über uns kreisten,

WEISSKÖPFIGE STELZENLÄUFER

hörten wir ihre sanft flötenden, melodischen Rufe. Hier gab es noch weitere Vögel zu beobachten, darunter einen Schwarm lärmender Gebirgsloris und zwei weißkehlige Raubwürger, die in der Krone eines hohen Boroko-Gummibaumes lachten.

Wir gingen weiter und stiegen durch verfilztes Gras und Ranken zu dem hohen Ufer des Laloki River hinauf, der durchs Rouna Valley fließt. Auf dem gegenüberliegenden Ufer mündete eine enge Schlucht in den Fluß, und an ihrem Eingang war ein winziger Wasserfall hinter einem Vorhang aus Büschen und Ranken zu erkennen.

Die Schlucht war kaum 10 Meter breit, aber das Ufer, auf dem wir standen, war zu steil, als daß wir zum Wasserfall hätten hinunterklettern können. Als wir uns umsahen, erkannten wir mehrere blühende Schlingpflanzen, die über Gras und Büschen wucherten. Zu ihnen gehörte die Schmetterlingserbsenranke, *Clitoria ternatea,* eine schlanke Kletterpflanze, deren blaue Blüten nur einen Tag lang blühen.

Wir folgten dem Laloki River stromaufwärts zu den Rouna Falls. Unter den Eukalyptusbäumen standen vereinzelt Zykas, *Cycas circinalis.* Diese Pflanzen, die an prähistorische Baumfarne erinnern, sind primitive Nacktsamer, die sich seit ungefähr 200 Millionen Jahren nicht mehr wesentlich verändert haben. Die meisten waren ungefähr 1,20 Meter hoch, obwohl einzelne Exemplare bis zu 3,50 Meter Höhe erreichten. Die Zykas werden oft versengt, wenn die Eingeborenen in der Trockenzeit das Gras abbrennen, aber sie bringen bald wieder eine neue Krone aus Wedeln hervor, die an ein Bündel Schmuckfedern erinnert.

JUNGE ZYKASWEDEL

SCHMETTERLINGSERBSENRANKE

Zwei regenbogenfarbene Australische Bienenfresser, *Merops ornatus,* beobachteten uns unterwegs und stießen gelegentlich herab, um Insekten im Flug zu fangen. Diese Vögel erfreuen immer wieder das Auge; ihr Gefieder ist erstaunlich farbenprächtig: rostrot, orange, gelb, grün und blau mit kontrastierenden schwarzen Streifen. In der Umgebung von Port Moresby gibt es zwei Arten von Bienenfressern – eine dort beheimatete und brütende Art und eine wandernde, die mit Beginn der Regenzeit verschwindet. Die Ornithologen wissen, daß diese zweite Art nach Australien zieht, aber bevor nicht mehr Vögel beringt und erneut eingefangen worden sind, wissen wir nichts Genaues über ihre Zugstraße.

Im Backofen

Draußen auf der Savanne lastete die Hitze schwer auf uns und wurde von dem hohen Gras zurückgeworfen. Wir kamen uns wie in einem Backofen vor, und selbst die leichte Brise brachte kaum Linderung, als wir zum Wasserfall weitermarschierten. Nach einiger Zeit rasteten wir im Schatten eines dichten Gebüsches. Plötzlich überfiel uns der bestialische Gestank eines *Amorphophallus campanulatus.* In voller Blüte ist die Pflanze etwa 45 Zentimeter hoch und hat Ähnlichkeit mit einer weißen

AUSTRALISCHE BIENENFRESSER

AMORPHOPHALLUS

Gartenlilie. Dieses Exemplar war am Ende seiner viertägigen Blüteperiode zusammengesunken, sonderte aber immer noch den charakteristischen Aasgeruch ab, der dazu dient, pollentragende Insekten anzulocken.

Wir brachen wieder auf und sahen gleich hinter dem Gebüsch unseren ersten Schirmbaum, *Schefflera actinophylla*. In der Nähe des Wasserfalls standen weitere dieser merkwürdigen Bäume, deren rote Blütenstände über die Blätter hinausragten, die am Ende dünner Zweige wie die Speichen eines Schirmes angeordnet waren. Auch die Blüten sahen wie winzige Schirme aus. Der Pfad, dem wir entlang dem enger werdenden Bett des Laloki River folgten, brachte uns in Hörweite der Rouna Falls, deren donnerndes Brausen uns bald umgab. Als wir um den letzten Felsvorsprung bogen, sahen wir über uns den weißen Wasservorhang des oberen Teils der Rouna Falls, wo das

HOCH AUFRAGENDER SCHIRMBAUM

Wasser über eine Felskante 100 Meter in die Tiefe stürzt. Vor uns rauschte das Wasser im unteren Teil der Fälle über schwarze Felsen und ergoß sich in einen tiefen graugrünen Teich.

Tiere am Wasserfall

Die ständig vom Sprühregen der Fälle feuchtgehaltenen Pflanzen wucherten üppig, und ganze Schwärme von Heuschrecken, Libellen und anderen Insekten waren überall zu sehen. Riesige Schwebfliegen, Syrphidae, mit 4 Zentimeter Spannweite, hingen fast bewegungslos in der Luft und flogen dann herab, um auf den nassen Felsen zu landen. Der Insektenreichtum lockte Raubtiere an – zum Beispiel den Schlangenaugenskink, *Cryptoblepharus boutonii*. Eine dieser 10 Zentimeter langen Echsen fraß zufrieden Ameisen, während eine andere sich auf einem trockenen warmen Felsen sonnte. Der Skink schien die von dem Felsen ausgestrahlte Wärme zu genießen, denn er rückte von Zeit zu Zeit ein paar Zentimeter zur Seite, um sich erneut auf eine noch wärmere Stelle zu legen. Dieser Skink hat keine beweglichen Lider, was seinem Blick etwas schlangenhaft Starres verleiht. Er ist ziemlich flach und

DIE UNTEREN ROUNA FALLS

EINE RIESIGE SCHWEBFLIEGE

SCHLANGENAUGENSKINK

breitgedrückt, so daß er auf Insektenjagd in sehr enge Spalten kriechen kann.

Während Eric die Kleintiere photographierte und ich versuchte, alles zu notieren, was wir sahen und aufnahmen, fiel uns auf, wie wenige Vogelarten hier zu beobachten waren. Außer einigen Sperbern, Bussarden und Mauerseglern sahen wir nur drei Flußfliegenschnäpper, die sich oft in der Nähe von Wasserfällen aufhalten, und ein Brahminenmilan, *Haliastur indus.*

Dieser prächtige Raubvogel segelte mühelos in großen Kreisen in den starken Aufwinden, die durch das in die Tiefe stürzende Wasser der Rouna Falls erzeugt wurden. Sein weißer Kopf hob sich deutlich von dem Kastanienbraun der Brust, des Rückens und der Flügel ab. Obwohl der Brahminenmilan sich hauptsächlich von Insekten und Mäusen ernährt, fängt er auch Süßwasserfische und verfolgt andere Vögel, bis sie ihm ihre eben gemachte Beute überlassen.

Der Brahminenmilan kommt nicht nur in Papua-Neuguinea, sondern auch an den Küsten und in Binnengebieten Indiens, in ganz Südostasien, auf den Salomoninseln und in Australien vor und lebt in Höhen bis etwa 2300 Meter. In den letzten zehn Jahren habe ich mindestens zwei dieser Vögel in der Umgebung der Rouna Falls beobachtet und dort verfolgt, wie mehrere Generationen von Jungvögeln flügge geworden sind und das Nest verlassen haben, um sich dann ihre eigenen Reviere zu suchen.

EIN BRAHMINENMILAN IM AUFWIND

Es wurde allmählich spät, und wir mußten an den Weitermarsch denken. Bevor wir jedoch aufbrachen, machte Eric mehrere Photos von einem auf einem Felsen sitzenden Schwarm kleiner gelber Schmetterlinge. Diese gemeinen gelben Grasschmetterlinge, *Eurema hecabe,* erinnerten an zahllose kleine Flaggen, während sie umherflatterten, um bessere Trinkgelegenheiten zu finden. Gelegentlich erschraken sie, wenn wir uns bewegten, und flogen davon, um dann einer nach dem anderen zurückzukommen und ihre Wassersuche wieder aufzunehmen.

Im Varirata National Park

Als wir die steile Flanke zum Grat des Varirata Escarpment in der Astrolabe Range hinaufstiegen, betraten wir ein Gebiet, in dem buschbewachsene Savanne mit dichtem Monsunregenwald abwechselte. Es war ein Teil des ersten Naturschutzgebiets Papua-Neuguineas:

GEMEINE GELBE GRASSCHMETTERLINGE

EIN SPINNENLÄUFER AUF EINEM BLATT

des Varirata National Parks, der ein 1320 Hektar großes Gebiet umfaßt. Hier findet eine vielfältige Fauna die verschiedenen, ihr angemessenen Lebensräume, in denen sie sich ungestört entwickeln kann.

Ich war in diesem Gebiet unterwegs gewesen, bevor es in einen Nationalpark umgewandelt worden war, und erinnerte mich an mehrere Wege, die allerdings oft schlecht gekennzeichnet waren und in einem Gewirr aus Lianen, Schößlingen und umgestürzten Bäumen endeten. Einen dieser Waldpfade wollten wir nach Einbruch der Dunkelheit zusammen erforschen.

Bis wir den höchsten Punkt des Varirata Escarpment erreicht hatten, war es schon spät, und die Sonne ging bereits unter. An klaren Tagen hat man von dort einen atemberaubenden Ausblick auf die Küste Papuas: von der Bootless Bay im Südosten bis zur Redscar Bay im Nordwesten. Vom Fuß des Varirata Escarpment bis hinauf zu den Geröllhalden wächst hoher Primärwald. Sein grünes Dach ist nur an einzelnen Stellen durchbrochen, und die Bäume stehen so dicht beieinander, daß sie von oben wie Teile eines riesigen Blumenkohls wirken.

Jenseits dieses Waldgebiets erstreckt sich die trockene Waldsavanne des Central District bis hin zur Küste. In der Mittagshitze läßt das Flimmern der Luft die Aussicht auf die Küste oft verschwimmen, und gegen Ende der Trockenzeit ist alles mit den grauen Rauchschleiern vieler Grasbrände überzogen. In der Regenzeit ist die Luft morgens meistens kristallklar, aber gegen Mittag türmen sich Wolken auf, und ein starker Wind treibt feuchte Nebelschwaden über die Grate. Der staubige Dunst über der Savanne und das goldene Leuchten der untergehenden Sonne bewirkten jedoch diesmal, daß die Küste hinter dem Savannenstreifen nicht zu sehen war.

Als wir dasaßen und ins Rouna Valley hinunterblickten, wurden wir auf einen Spinnenläufer der Gattung *Scutigera* aufmerksam, der in unserer Nähe auf einem Blatt saß. Ich hatte zuvor schon einmal einen Spinnenläufer gesehen, als ich die tiefen Kalksteinhöhlen in der Umgebung von Port Moresby erforschte; dieser gehörte aber wahrscheinlich einer anderen Art an. Alle *Scutigera* fühlen sich am wohlsten in sehr feuchten Lebensräumen mit wenig Licht. Ein Merkmal dieses Hundertfüßlers ist, daß er das vorderste und hinterste Beinpaar als Fühler benutzt.

Nachtwanderung

Bei einbrechender Dunkelheit folgten wir einem Pfad in den Wald hinein und benutzten unsere Taschenlampen dazu, die Nachttiere anzuleuchten, die jetzt aus ihren Schlupfwinkeln kamen. Da wir ein möglichst großes Gebiet unter-

EIN WACHSAMER ERDFROSCH

LANDSCHNECKEN VOR DER PAARUNG

GREISENBART-FLECHTE

suchen wollten, entschieden wir uns dafür, einzeln loszuziehen, und vereinbarten einen Treffpunkt, wo wir später vergleichen konnten, welche Tiere wir beobachtet hatten.

Manche Tierarten sahen wir beide. Zum Beispiel kam *Rana daemeli,* ein Erdfrosch, auf beiden Pfaden vor; allerdings war es sehr schwierig, näher an die Tiere heranzukommen. Die 10 Zentimeter großen Frösche sprangen mit einem Satz erstaunliche 2,50 Meter weit, und ich konnte so vorsichtig auftreten, wie ich wollte, ohne daß es mir gelang, mich ihnen zu nähern. Wenn ich noch mehrere Meter von den Fröschen entfernt war, verschwanden sie mit einem großen Satz. Ich erkannte einen riesigen Erdfrosch, *Rana arfaki,* aber auch dieses 15 Zentimeter große Amphibium sprang fort, als ich mich ihm langsam näherte.

Eric und ich sahen auch viele Landschnecken. Ich stieß sogar auf zwei, die sich paaren wollten. Schnecken sind Zwitter, bei denen die männlichen und weiblichen Geschlechtsorgane in einer weißlichen, erbsenförmigen Ausbuchtung hinter dem Kopf vereinigt sind.

Ich beobachtete die beiden Schnecken, die jetzt ihre Paarungsstellung einnahmen. Aber ich wartete die Paarung nicht ab, denn das hätte bis zu fünf Stunden dauern können.

Auf dem Rückweg zu dem mit Eric vereinbarten Treffpunkt schaltete ich die Taschenlampe einige Minuten lang aus, um das bezaubernd sanfte grüne Leuchten einiger Pilze und die Lichtpunkte vorbeischwirrender Leuchtkäfer genießen zu können.

Als ich die Taschenlampe wieder einschaltete, fiel mir auf, daß fast jeder dritte Baum, an dem ich vorbeikam, mit zarten, blaßgrünen Greisenbart-Flechten, *Usnea,* bewachsen war. Diese Pflanze, die Nebel und kühle, feuchte Winde bevorzugt, ist auch in den Nebelwäldern häufig, wo sie in Höhen zwischen 2500 und 3500 Metern vorkommt.

Als ich mit der Taschenlampe meinen Weg ableuchtete, sah ich viele Spinnenaugen im Lichtschein silbern glitzern. Das Weibchen einer Wolfsspinne, das seinen großen bläulichweißen Eiersack unter dem Leib trug, verharrte unbeweglich im Lichtstrahl und flüchtete dann ins dunkle Unterholz.

Als ich Eric traf, erzählte er mir, er habe kurz einen Streifen-Kuskus, *Dactylopsila trivirgata,* gesehen, der rasch in der Laubschicht auf dem Waldboden verschwunden sei. Er war besonders zufrieden darüber, daß ihm eine Nahaufnahme eines Großschwänzigen Ziegenmelkers, *Caprimulgus macrurus,* gelungen war, als der Vogel sich mitten auf dem Weg ausruhte. Dieser Nachtvogel fliegt sehr schnell durch die Baumkronen, um Insekten im Fluge zu fangen. Wenn er sich ausruht, sitzt er bewegungslos auf dem Erdboden, wo sein

GROSSSCHWÄNZIGER ZIEGENMELKER

REGENWALD UND OWEN STANLEY RANGE

geflecktes Federkleid mit braunen, schwarzen, beigen und grauen Farbtönen ihn fast unsichtbar macht und so ausgezeichnet schützt.

Als wir unser Nachtlager bezogen, hörten wir den lauten, wiederholten Ruf eines Ziegenmelkers. Wir fanden ihn mit unseren Taschenlampen und beobachteten, wie er in der Nähe landete, ohne sich von uns stören zu lassen. Tatsächlich verleiht das gefleckte Tarnkleid den Ziegenmelkern das Gefühl, gegen Gefahren gefeit zu sein.

Am nächsten Morgen brachen wir bei klarem sonnigen Wetter früh auf, um die letzten 13 Kilometer bis zu Ower's Corner und dem Anfang des Trail hinter uns zu bringen. Der Wald hallte von Vogelrufen wider, und wir hörten die charakteristische Stimme von Raggis Großem Paradiesvogel und die melodischen Rufe des Neuguinea-Lederkopfes, *Philomen novaeguineae*.

Nach einiger Zeit bekamen wir einen Neuguinea-Lederkopf zu Gesicht – und waren ziemlich enttäuscht, nachdem wir seine lauten und abwechslungsreichen Rufe gehört hatten. Der etwa 30 Zentimeter große Vogel ist einer der größten Honigfresser; er gehört aber auch zu den schlichtesten. Seine kahlen Wangen sind schwarz, und der dünne Hals ist wie der Körper mit kurzen hellbraunen Federn bedeckt.

Wir marschierten durch halbimmergrünen Monsunwald weiter. Entlang des Weges hingen Myriaden von Spinnennetzen über und zwischen Büschen und Gräsern, wo sie von Morgentau glitzerten, wenn sie von der Sonne beschienen wurden. Von einer Waldlichtung aus sahen wir weiter landeinwärts die Vorberge der Owen Stanley Range aus dem dichten Laubdach des Regenwaldes ragen. Wir kamen an zahlreichen Bäumen vorbei, deren Stämme mit einer Clematisart, einer Verwandten der europäischen Waldrebe, bewachsen waren. Manche Pflanzen waren noch sehr jung, aber auch sie würden später weiße oder cremefarbene Blüten tragen.

Wir verließen den Varirata National Park und überquerten das stark hügelige Sogeri Plateau. Diese Hochebene fällt auf etwa 50 Kilometern nach Südosten ab und bildet dort mit zahllosen kreuz und quer verlaufenden Graten eine Seite des Tales, durch das der Kemp Welsh River fließt.

In nördlicher Richtung kamen wir durch ein Gebiet, in dem Gummiplantagen und Viehweiden angelegt worden waren. Dort gab es jedoch noch immer größere Landstriche mit geschlossenem Primärwald. Die Bäume, hauptsächlich immergrüne Arten, erreichten eine Durchschnittshöhe von 15 Meter. Es gab jedoch auch laubabwerfende Bäume, von denen viele

RANKEN EINER KLETTERNDEN CLEMATIS

bereits ihr Laub verloren. Einer davon, der Okaribaum, *Terminalia kaernbachii,* hat dunkelgrüne Blätter und trägt große rote, zitronenförmige Früchte mit den eßbaren Okarisamen.

Als wir weiter landeinwärts kamen, wurden die Abstände zwischen den laubabwerfenden Bäumen größer. Kleine Skinke verschwanden vor uns schutzsuchend im Gras und kamen, sobald wir an ihnen vorbei waren, wieder daraus hervor, um sich an einem warmen Fleckchen zu sonnen.

Ameisenpflanzen

Zu den merkwürdigsten Pflanzen, auf die wir unterwegs stießen, gehörte die epiphytische Ameisenpflanze *Hydnophytum*. Die unterschiedlich großen Pflanzen hingen, mit nur wenigen Blättern besetzt, als große Knollen an Baumstämmen und Ästen. Manche waren noch Jungpflanzen, die eben erst anzuschwellen begannen; andere hatten eine Länge von bis zu 60 Zentimetern und erreichten 20 bis 25 Zentimeter Durchmesser. Die Knollen waren von Gängen durchzogen, in denen Ameisen, Käfer und gelegentlich sogar kleine Fledermäuse lebten.

Obwohl keine echte Symbiose zwischen der Ameisenpflanze und ihren Wirten besteht, wird sie aber durch die Ausscheidungen der Ameisen mit stickstoffhaltigem Material versorgt. Die Lebenszyklen einiger Ameisenarten scheinen der Ameisenpflanze angepaßt zu sein, und die University of Papua New Guinea stellt Untersuchungen an, um festzustellen, welche Ameisenarten diese Pflanzen bewohnen und ob jede Pflanzenart ganz bestimmte Ameisen in sich beherbergt.

Wir marschierten über das Plateau weiter, bis wir die als Ower's Corner bekannte gerodete Stelle erreichten, die früher Gartenland war. Ower's Corner verdankt seinen Namen einem briti-

BAUMSTAMM MIT AMEISENPFLANZE

schen Hauptmann, der hier 1942 eine Nachschubstraße für die am Kokoda Trail gegen die Japaner kämpfenden Soldaten ausfindig zu machen versuchte. Von hier aus sieht man den Goldie River 350 Meter tiefer vorbeifließen; auf der anderen Talseite liegt der Uberi Bluff, dessen steile, bewaldete Wände zu dem Dorf Uberi hinunterführen, und dahinter beginnen die Bergketten, aus denen die Owen Stanley Range aufsteigt.

Die Imita Ridge war die uns am nächsten liegende Bergkette; sie bezeichnet die Stelle, wo die Japaner auf dem Vormarsch nach Port Moresby zum Stehen gebracht und zurückgeworfen wurden. Diese Bergkette sollte das letzte Ziel unseres Marsches sein. Auf den ersten 100 Metern unseres Abstiegs zum Goldie River bewegten wir uns durch Grasland, das an die Stelle des Primärwaldes getreten war. Aber wir gelangten bald in den kühlen Schatten des Waldes. Wir wußten, daß der Wald sich von hier aus fast ohne Unterbrechung über die Owen Stanley Range hinwegzog und noch eine gute Strecke über die Stadt Kokoda hinausreichte.

BRONZEFARBENER TECTARIA-FARN

BEEREN DER FAMILIE RUBIACEAE

Leuchtende Farben

Eicheln von Eichen der Gattung *Lithocarpus,* die in Tiefland- und Mittelgebirgswäldern vorkommt, bedeckten den Waldboden und lagen auch über den Weg verstreut. Als wir dem Fluß näher kamen, wurden kurze Gräser durch Moose abgelöst, und der Wald bestand jetzt aus einem dichten Gewirr von Kletterpflanzen, Palmen, jungen Bäumen und großen Bäumen. Von dem vorherrschend grünen Hintergrund hoben sich die leuchtend roten Beeren eines wahrscheinlich zu den Kaffeepflanzen, Rubiaceae, gehörenden Strauches als auffällige Farbtupfer ab.

Zwischen Palmen, Ingwer und anderen Pflanzen wuchsen verschiedene Farne. An einem bemoosten Wurzelstock sah ich einen jungen Farn der Gattung *Tectaria*. Sein leuchtender Bronzeton reflektierte das dämmerige Licht und ließ die Wedel dicker wirken, als sie in Wirklichkeit waren.

Wir erreichten schließlich den schäumenden Goldie River am Fuß des Steilhanges. Das Wasser, das es eilig hatte, 15 Kilometer flußabwärts mit dem Laloki River zusammenzuströmen, rauschte um ein Gewirr gigantischer, ineinander verkeilter Felsblöcke. Um den Fluß zu überqueren, mußten wir von einem Felsen zum anderen springen und dann über Baumstämme klettern, die von der Strömung angeschwemmt worden und hängen geblieben waren.

Bevor wir auf dem anderen Ufer wieder dem Kokoda Trail folgten, rasteten wir kurz und beobachteten dabei eine orangerot, schwarz und weiß gefärbte Schlupfwespe der Familie Ichneumonidae, die mit ihrem langen Legestachel einen Baumstamm nach einer Käferlarve absuchte. Der Legestachel ist ein Rohr, durch das die Wespe ihr Ei in den Körper der im Holz des Baumstamms ruhenden Käferlarve legt. Die ausgeschlüpfte Wespenlarve ernährt sich von ihrem Wirt, bis sie den Baum als völlig entwickeltes Tier verläßt.

Dann brachen wir wieder auf, hielten uns an den Kokoda Trail, umgingen den Uberi Bluff und blieben auf dem leichtesten Weg zum Dorf Uberi. Unterwegs fand Eric im weichen Boden des Dschungelpfades eine leere Patronenhülse – ein Überbleibsel aus dem Zweiten Weltkrieg. Entlang dem Wege sahen wir blühende Helikonien. Die großen Blüten dieser mit den Bananen verwandten Pflanzen sind besonders auffällig, weil sie auf bis zu zwei Meter langen Stengeln sitzen. Wie bei vielen anderen tropischen und subtropischen Gewächsen ist die Blütezeit der Helikonien nicht deutlich begrenzt und dauert meistens ziemlich lange.

Uberi ist eines der am weitesten im Westen liegenden Dörfer der Koiari und besteht nur aus etwa einem halben Dutzend mit Palmblättern gedeckten Hütten und den dazugehörigen Gärten. Dort rasten Wanderer, die auf dem Kokoda Trail unterwegs sind, nach dem gefährlichen und anstrengenden Abstieg von Ower's Corner.

Wir durchquerten das Dorf und folgten dem Weg durch üppigen Sekundärbewuchs auf gerodetem Land, wobei wir einen weiten Bogen um mehrere nesselähnliche Pflanzen, den mit Nesselhärchen besetzten Brennesselbaum der Gattung *Laportea* machten. Diese Pflanzen brennen schmerzhaft, aber ich habe schon gesehen, wie eine Eingeborene ihr

BLÜHENDE HELIKONIE

Kind mit den Pflanzenblättern abgerieben hat, um Magenschmerzen entgegenzuwirken. Auch Träger geißeln sich manchmal damit, um aufkommende Müdigkeit abzuschütteln.

Ewiges Halbdunkel

Nach etwa einem halben Kilometer erreichten wir hohen, prächtigen Regenwald. Hier gab es nur wenig Unterholz, aber der Boden war mit einer dicken Laub- und Humusschicht bedeckt – ganz im Gegensatz zu dem lichteren Wald, wo auf Erdboden und Felsen Moose, Farne und Orchideen wuchsen. Dies war zweifellos der ursprüngliche, unveränderte Regenwald.

Durch das Kronendach in über 30 Meter Höhe drang nur wenig Sonnenlicht, und es dauerte einige Zeit, bis unsere Augen sich an das hier herrschende Halbdunkel gewöhnt hatten. Kleine Waldvögel – Fliegenschnäpper,

NACH LARVEN SUCHENDE SCHLUPFWESPE

Über die Astrolabe Range

MALABARRHODODENDRON

Fächerschwänze und Drosseln – flogen im schwachen Licht zwischen den Bäumen hin und her, aber außer dem gelegentlichen Ruf eines Kakadus und dem leisen stetigen Summen der Insekten war der Wald still. Er war außerdem feucht: Felsen, Boden, Baumstämme und selbst Pflanzenblätter fühlten sich naß an. Wir hatten es jetzt eilig, ans Ziel zu gelangen, und marschierten rasch weiter, wobei wir eine Echse aufscheuchten, die in der Laubschicht nach Insekten suchte.

Wir waren nicht mehr weit von der Imita Ridge entfernt, als wir durch eine Lücke im Kronendach graue, rasch ziehende Wolken am Himmel sahen, die Regen ankündigten. Klettertouren in diesem Gebiet sind schon bei gutem Wetter schwierig und können in einem Gewitter lebensgefährlich sein. Wir entschlossen uns deshalb widerstrebend, auf die geplante Besteigung des Berggrates zu verzichten, und traten den Rückweg nach Uberi an.

Als wir das Dorf wieder erreichten, fiel leichter Regen, und obwohl er bald aufhörte, verstanden wir ihn als Mahnung, den Aufstieg zu Ower's Corner so schnell wie möglich zu bewältigen. Dicht unterhalb des Grates kamen wir an einigen Malabarrhododendren, *Melastoma malabathricum,* vorbei. Dieser kleine Strauch, der überraschenderweise keineswegs mit den Rhododendren verwandt ist, kommt von der indischen Malabarküste bis hin nach Australien vor. Aus seinen Blütendolden mit den auffallend purpurroten Blüten und gebogenen gelben Staubfäden entstehen beerenähnliche Früchte.

Auf dem höchsten Punkt von Ower's Corner, den wir nach einem schwierigen Aufstieg erreicht hatten, wobei wir unsere Photoausrüstung fest umklammert hielten und uns bemühten, nicht auf dem nassen Boden auszurutschen, befanden wir uns immer noch im Sonnenschein, aber die drohenden Regenwolken zogen rasch auf. Der Uberi Bluff auf der anderen Talseite war schwarz von Flechten, weil seine steilen Wände nie von der Sonne beschienen werden, und die Wolken krochen jetzt darüber hinweg. Als wir uns abwandten, um in Richtung Port Moresby weiterzumarschieren, spürten wir die ersten großen Regentropfen auf dem Rücken.

Vielzahl der Lebensräume

Der Ausflug in die Wildnis hatte uns durch eine Vielzahl von Lebensräumen geführt, darunter auch durch offenen Savannenwald, mit Savannen durchsetzten Monsunwald und dichten, halbimmergrünen Wald. Wir hatten zuletzt primären Regenwald betreten, in dem ständiges Zwielicht herrscht.

Die Wildtiere, die wir gesehen hatten, waren meistens klein gewesen – aber sie waren ebenso faszinierend zu beobachten und zu photographieren wie größere Tiere. Und trotz unserer Enttäuschung darüber, daß wir die Besteigung der Imita Ridge hatten abbrechen müssen, waren wir mit unserer zweitägigen Wanderung sehr zufrieden.

ÜPPIGER REGENWALD UNTER DEM UBERI BLUFF

4/ Im Regenwald

Die Bäume auf allen Seiten waren gewaltig in Umfang und Höhe, und ihr Geäst war so dicht mit parasitären Pflanzen durchflochten, daß das Sonnenlicht es nicht durchdringen konnte und wir durch einen schwach beleuchteten Tunnel zu gehen schienen.

CAPTAIN J. A. LAWSON / *WANDERING IN THE INTERIOR OF NEW GUINEA*

Der Vegetationsstreifen um den Regenwald Neuguineas scheint auf den ersten Blick undurchdringlich zu sein. Zwischen den Bäumen, die teilweise mit den leuchtend scharlachroten Blüten der D'Albertis-Kletterpflanze geschmückt sind, wachsen die langen Ranken der Kletterpalme *Calamus*, die mit Gestrüpp und Lianen zusammen einen Teil des dichten Unterholzes bildet. Diese Kletterpalme, im Malaiischen Ratang genannt, hat gefährliche Stacheln an langen, biegsamen Wedeln, in denen man sich verfangen kann. Ist man erst einmal in ihnen hängengeblieben, bleibt kein anderer Ausweg, als sich methodisch von einem Stachel nach dem anderen zu lösen.

Es gibt zahlreiche Pfade, die zwischen lichten Stellen der Vegetation in den Regenwald führen, so daß es nicht allzu schwierig ist, ihn zu betreten. Im Wald selbst kann man sich auf die Pflanzen und Tiere konzentrieren. Kleine Insekten, Schlangen und Echsen sind in der Laubschicht auf dem Erdboden auf Nahrungssuche. Bandikuts und Ringelschwanz-Kletterbeutler jagen im Unterholz. Fliegenschnäpper, Honigfresser, Fächerschwänze, Schwätzer, Raupenfresser, Drosseln und andere Vögel flattern durch die Zweige. An allen Stellen, wo Sonnenlicht in breiten Strahlen durch das hohe Walddach bricht, streben junge Bäume dem Licht entgegen – sie sind einige der zahllosen Triebe, die in ihrem Wachstum behindert sind und darauf warten, daß einer der Baumriesen zusammenbricht und eine Lücke im Kronendach hinterläßt. Manche dieser Triebe werden eines Tages selbst zu Bäumen.

In der heißesten Tageszeit ist es im Wald fast still: Man kann weit gehen, ohne mehr zu hören als das Knacken der Zweige unter seinen Füßen oder gelegentlich rasche Flügelschläge, wenn ein aufgescheuchter Vogel sich in Sicherheit bringt. Aber am frühen Morgen und Abend zwitschern die kleinen Vögel unaufhörlich, während im Hintergrund Grillen und Zikaden zirpen; Papageien kreischen heiser, und Paradiesvögel lassen endlos ihren Ruf ertönen. Von allen diesen Vogelstimmen drückt meiner Ansicht nach die kräftige, volltönende Stimme des Großen Paradiesvogels am besten die Atmosphäre im Regenwald Neuguineas aus.

Tropischer Regenwald dieser Art herrscht im Tiefland vor. Sein wogendes grünes Blätterdach bedeckt weite Teile des Landes; es erstreckt sich über Flußebenen, über Deltas und Terrassen, die Hügel des Tieflandes hinauf und hinunter und entlang der Gebirgsausläufer. Am Golf von Papua gibt es kleine Gebiete mit trockenem immergrünen Wald – hauptsächlich Akazien und Myrtengewächse –, und im Fly-Delta und an einigen anderen Stellen tritt halbimmergrüner Monsunwald auf, aber das sind Ausnahmen.

Im Regenwald des Tieflandes wachsen über 80 verschiedene Baumarten. Das Kronendach in 35 bis 45 Meter Höhe wird von Bäumen gebildet, deren Stützwurzeln an Propellerblätter an einer riesigen Welle erinnern. Unterhalb dieser höchsten Ebene lassen sich vier niedrigere Vegetations-Ebenen unterscheiden: ein zweites Kronendach in etwa 25 Meter Höhe, kleinere Bäume, die zwischen 10 und 15 Meter hoch sind, Sträucher unterhalb 5 bis 6 Meter und eine Bodenschicht aus wilden Lilien, Ingwer, Baumschößlingen, Moosen, Farnen und Waldkräutern. Aus den untersten Vegetationsschichten kommen die vielen Kletterpflanzen, Schlingpflanzen, Lianen, Bambusse und Rotangpalmen, die bis zu den höchsten Baumkronen hinaufreichen.

Es lohnt sich, dieses Land zu erforschen, besonders die abgelegeneren Regionen, wo der Wald seit Jahrhunderten unberührt wächst. In einigen Gebieten sind die im Dschungel lebenden Eingeborenen immer noch Kannibalen. Am Nomad River auf dem Great Papuan Plateau gab es ganz bestimmt Kannibalen, als ich vor einigen Jahren dort war, obwohl die Menschen in den Dörfern, in denen ich übernachtete, gastfrei und freundlich waren. Sie lebten in etwa 75 Meter langen und 20 Meter breiten Gemeinschaftshäusern, deren Hartholzfachwerk mit einer Art Seilen aus Ranken und gespaltenem Kundarohr festgezurrt war. Die Außenseiten und inneren Trennwände bestanden aus Bambusgeflecht oder Schwarzpalmenmatten; das Dach war mit mehreren Lagen Sagopalmblättern gedeckt.

In einem Dorf wurde ich eingeladen, das Gemeinschaftshaus zu besichtigen. Sein Inneres war in einzelne Bereiche unterteilt, in denen gemeinsam gekocht, gegessen, geredet, gearbeitet und gesungen wurde. Auch die Schlafstätten der Männer und der Frauen waren getrennt. An der Rückseite des Hauses befand sich ein eigener Raum für die eingeweihten Männer, der mit endlosen Reihen aus Schädeln und Kieferknochen von Baumkänguruhs, Kuskusarten, Ringelschwanz-Kletterbeutlern und Bandikuts sowie den Brustbeinen und Federbälgen zahlreicher verschiedener Vögel geschmückt war. Bei diesem Anblick überlegte ich mir, daß dazu wahrscheinlich noch vor wenigen Jahren auch Menschenschädel und -knochen gehört hätten.

In die Außenwände waren Schießscharten eingelassen, und im Hausinneren waren reichlich Waffen, Lebensmittel und Wasser vorrätig. Die Eingeborenen am Nomad River leben in ständiger Angst vor Überfällen durch die Bewohner von Nachbardörfern; deshalb sind die Gemeinschaftshäuser alle gut befestigt und auf eine Belagerung vorbereitet. Aber mich beeindruckte am meisten, wie ordentlich und aufgeräumt alles war; das Haus war sauberer und deutlich besser gebaut als alle anderen in der Nähe der etwa 30 Kilometer entfernten Regierungsstation, wo die alten Bräuche allmählich aussterben oder zumindest weniger streng beachtet werden.

In der Nacht, die ich in diesem Dorf verbrachte, ging ich in den Dschungel, um Nachttiere zu beobachten. Ich mußte allein gehen, weil die Eingeborenen sich vor bösen Geistern fürchten, die nachts im Wald lauern sollen, und sich deshalb nach Einbruch der Dunkelheit nicht mehr aus dem Dorf wagen. Der Dschungel war hier Primärwald mit sehr wenig Unterholz, weil das dichte Kronendach kaum Sonnenlicht durchließ und so die Ausbreitung von Unterholz behinderte. Wenn ich meine Taschenlampe ausschaltete, war es stockfinster, weil nicht einmal ein Sternenschimmer durch das Blätterdach drang. Die Grillen zirpten unaufhörlich, und irgendwo in der Ferne erklang der klagende, aus zwei Tönen bestehende Ruf eines Kuckuckskauzes, aber ansonsten war nicht viel zu hören oder zu sehen. Ich war offenbar noch nicht weit genug vom Dorf entfernt, deshalb folgte ich einem Pfad, der tiefer in den Dschungel hineinführte.

Wenig später wurde ich auf ein Rascheln im Laub und ein Knurren über mir aufmerksam. Ich leuchtete mit der Taschenlampe nach oben und erkannte zwei wollige braune Ringelschwanz-Kletterbeutler, die sich mit gefletschten Zähnen gegenüberhockten. Sobald der Lichtstrahl sie erfaßte, wurden sie wieder friedlich und sahen ruhig auf mich herab; ihre weißen Bäuche leuchteten im Licht, und die Augen glühten rot. Diese rote Reflexion wird durch das Tapetum hervorgerufen, das als Refraktionsschicht hinter der Netzhaut liegt und das Sehvermögen in der Dämmerung erhöht. Die beiden Tiere bewegten sich zunächst nicht; dann witterten sie Gefahr, huschten in verschiedenen Richtungen davon und verschwanden rasch im Laub.

Ein Stück weiter hörte ich das an ein Niesen erinnernde Grunzen eines Bandikuts, der in der Laubschicht auf dem Waldboden nach Würmern, Käfern und Insektenlarven scharrte. Der Bandikut ist ein Beuteltier in Größe einer ausgewachsenen Ratte mit struppigem braunem Pelz, langer spitzer Schnauze, kleinen Ohren und lächerlich kurzem Schwanz. Dieses Exemplar, ein Männchen, war so eifrig auf Nahrungssuche, daß es gar nicht auf mich achtete, obwohl ich nur wenige Meter von ihm entfernt stand. Ich sah dem Bandikut eine Weile zu, wie er im Laub wühlte. Wenn er ein großes Insekt

Die röhrenförmigen rosa Blüten und langen zarten Staubfäden eines Busches aus der Familie der Akanthusgewächse ragen in eng gebüschelten Dolden aus ihren keulenförmigen Kelchblättern. Um die Zweige winden sich dünne Kletterpflanzen, die für den Sekundärbewuchs der Regenwälder in den Tiefebenen Papua-Neuguineas typisch sind.

fand, zerquetschte er es zwischen den Vorderpfoten, bevor er es fraß. Als ich weiterging, schrak er durch das Geräusch auf und flüchtete entsetzt fiepend hinter die nächsten Bäume.

Im Lichtstrahl der Taschenlampe, den ich in die Höhe richtete, fiel mir ein Baumriese auf, dessen Stamm etwa 30 Meter hoch glatt und gerade über den Stützwurzeln aufragte – bis auf eine Stelle, an der sich eine riesige Blase gebildet zu haben schien. Ich erkannte sie als gemeinschaftliches Raupennest einer im Wald lebenden Schmetterlingsart. Wie die Prozessionsraupen anderer Länder folgen die in Papua-Neuguinea heimischen einander von Baum zu Baum. Nachdem er kahlgefressen ist, ziehen sie zum nächsten weiter. Bevor sie sich verpuppen, drängen sie sich auf dem Baumstamm zusammen, und die Kolonie – normalerweise etwa 100 Raupen – konstruiert eine schützende Kuppel aus braunem Seidengespinst. Darunter spinnt jedes Tier seinen eigenen Kokon. Wenn die Schmetterlinge ausschlüpfen, verlassen sie erst ihren eigenen Kokon und danach die gemeinsame Schutzhülle. Sie ruhen, bis ihre Flügel trocken und kräftiger geworden sind, und fliegen dann fort, um sich zu paaren oder Honig aus Waldblüten zu saugen.

In der Nähe eines kleinen, ruhig fließenden Baches entdeckte ich einen riesigen olivgrünen Python. Er war mindestens 4,50 Meter lang und mußte sich erst vor kurzem gehäutet haben, denn seine Haut glitzerte im Lichtschein meiner Taschenlampe in allen Regenbogenfarben. Er glitt langsam und bedächtig durchs Wasser aufs andere Ufer hinüber. Der grüne Python frißt andere Schlangen und Säugetiere, und ein Exemplar dieser Größe könnte ohne weiteres ein Schwein oder einen Wallaby umschlingen und ersticken. Aber diese ungiftigen Schlangen sind ungefährlich, solange man sie nicht reizt, deshalb folgte ich dem Python über den Bach, um ihn aus der Nähe zu betrachten. Als ich herankam, hob er den Kopf bis in Hüfthöhe, um zu sehen, was ich war, und seine lange gespaltene Zunge stieß vor und berührte meine Hand. Sie zog sich etwas zurück und kam dann nochmals heraus, um meine Hand zu berühren. Ich kam anscheinend nicht als potentielle Beute in Frage, denn der Python ließ den Kopf sinken und kroch davon. Ich versuchte, ihn aufzuheben, aber er war zu lang und schwer.

Ich hörte plötzlich ganz in der Nähe einen Eisvogel. Eisvögel gelten normalerweise als Tagvögel, die tagsüber fliegen und fressen; es gibt jedoch einige Arten, die nachts aktiv sind, und eine davon, der Hakenliest, ist überall in den Regenwäldern der Ebenen Papua-Neuguineas anzutreffen. Sein Ruf ist ein in der Tonhöhe ansteigender, ziemlich klagender Triller aus drei oder vier Tönen. Ich hatte den Eisvogel bald entdeckt, aber als ich ihn anleuchtete, hörte der Vogel zu rufen auf und starrte mich seinerseits neugierig an. Er war etwa so groß wie ein Schlagball und fast genauso rund, mit einem kurzen und steifen Schwanz, flachem, beschopftem Kopf und einem großen Schnabel. Sein Körper war hauptsächlich kastanienbraun mit ockergelben Flecken, der Schopf kornblumenblau mit Braun- und Gelbtönen vermischt.

Schlanke Sagopalmen und bis 45 Meter hohe Baumriesen bilden das dichte Kronendach des Regenwaldes in den Tiefebenen Papua-Neuguineas. Darunter befinden sich mehrere abgestufte Ebenen von Bäumen und eine Unterholzschicht. Wo spärliches Sonnenlicht durch das Laubdach bis zum Waldboden vordringt, wachsen junge Bäume, Farne und Moose.

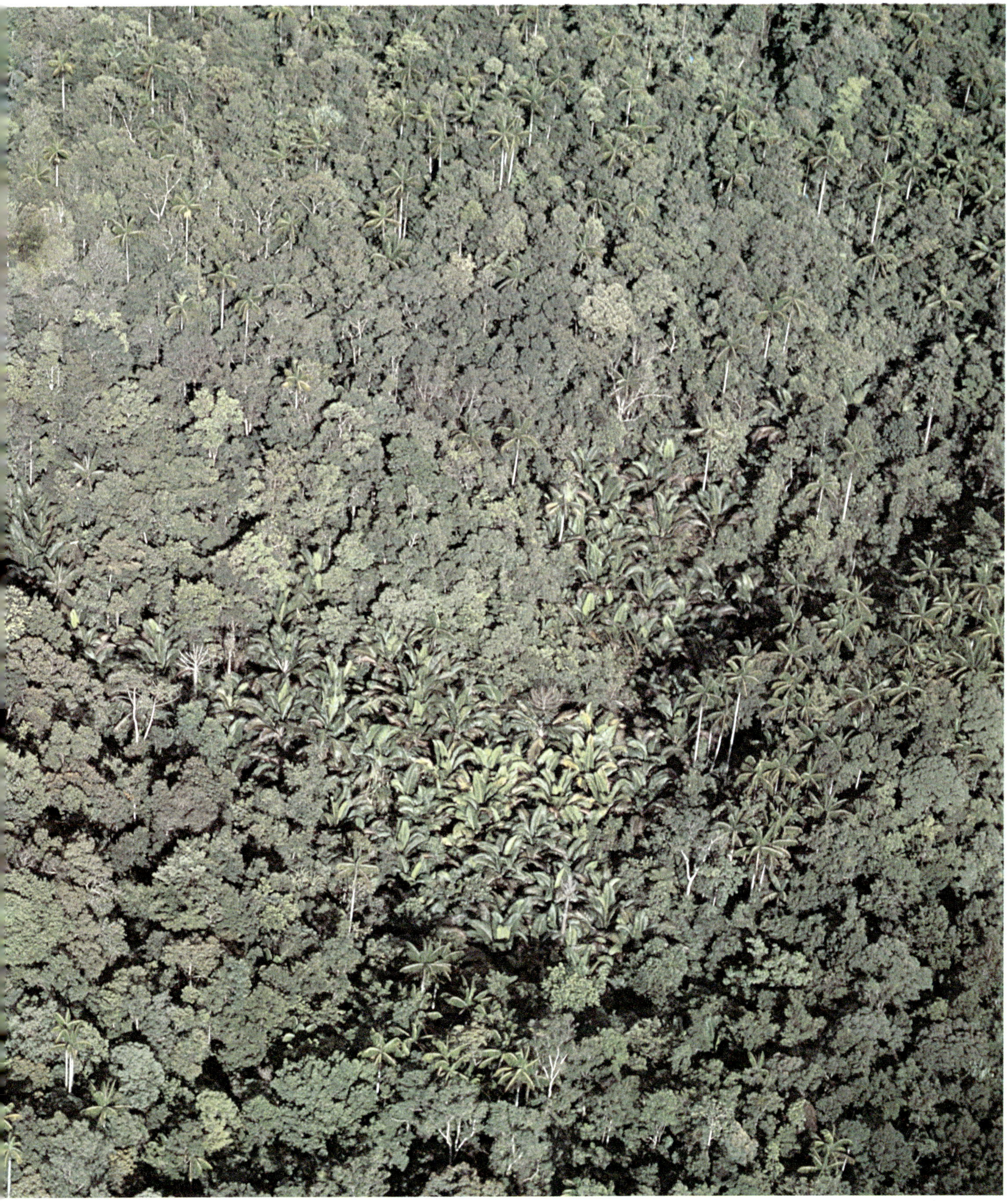

Als ich langsam ins Dorf zurückging, fiel mir etwas Silberglänzendes auf dem Boden vor mir auf; es war die glitzernde Schleimspur, die ein vorbeikriechender Plattwurm hinterlassen hatte. Der Plattwurm hat einen spitzen Kopf, der mit seinem Körper zu verschmelzen scheint, so daß er kaum als Kopf zu unterscheiden ist, sondern mehr wie eine Sonde wirkt. Dieser etwa 30 Zentimeter lange Plattwurm war schwarz-braun und hatte einen Rückenstreifen aus kleinen schwarzen und gelbbraunen Rauten. Diese Würmer können nur in feuchter Umgebung leben; in trockener Umgebung schrumpfen sie rasch ein und verenden.

Ganz in der Nähe entdeckte ich einen riesigen Tausendfüßler, der im vermodernden Laub neben einem umgestürzten Baum auf Nahrungssuche war. Als ich meine Taschenlampe ausschaltete, leuchtete sein zigarrenförmiger Körper in der Dunkelheit schwach auf. Dieses Leuchten soll vermutlich eher Feinde abschrecken, als ein Erkennungszeichen für andere Tausendfüßler sein. Im Gegensatz zu Hundertfüßlern, die pro Körpersegment ein Beinpaar haben, weisen Tausendfüßler an den meisten Segmenten, deren Anzahl variabel ist, zwei Beinpaare auf. Als ich dieses etwa 20 Zentimeter lange Exemplar auf den Rücken drehte, rollte es sich kurz zusammen, bevor es sich auf die Beine wälzte und davonkroch. Tausendfüßler sind Vegetarier; um sich zu verteidigen, können sie eine ätzende Flüssigkeit verspritzen, die einem die Haut verfärbt und ein wirksames Abwehrmittel gegen Angriffe von Vögeln und anderen kleinen Tieren ist.

Als ich ins Gemeinschaftshaus zurückkam, war alles still. Ich kroch in meinen Schlafsack, lag aber noch lange wach und horchte auf das nächtliche Leben des Regenwaldes – das Zirpen der Grillen und den fernen Ruf des Eisvogels oder Hakenliests.

Am nächsten Tag sollte ich eine Armeepatrouille durch den Dschungel zu einem etwa 10 Kilometer entfernten anderen Dorf begleiten. In Papua-Neuguinea werden Armee-Einheiten dazu angehalten, Patrouillen in abgelegene Gegenden zu entsenden, um die Arbeit der Regierung zu unterstützen. Sie sind im Landesinneren an verschiedenen Punkten stationiert, um isoliert lebende Stämme mit der Zivilisation in Berührung zu bringen und Schritt für Schritt an ein Leben mit Gesetzen, Rechtsprechung, Schulwesen und Gesundheitspflege heranzuführen.

Wir marschierten kurz nach Tagesanbruch ab. Im allgemeinen war das Gebiet gut für Fußmärsche geeignet: ein sanft gewelltes Plateau mit freiem Waldboden unter den Bäumen. Aber wir hatten mehrere kleine Bäche zu überschreiten, die mir ständig Sorgen machten, weil es dort als Steg meistens nur einen einzelnen glitschigen Baumstamm gab. Ich vermied es ziemlich beschämt, den ersten Bach auf dem Baumstamm zu überschreiten, sondern zog es statt dessen vor, zum Ufer hinunterzuklettern, durchs seichte Wasser zu platschen und auf der anderen Seite wieder nach oben zu klettern. Aber

Ein 15 Zentimeter langer riesiger Tausendfüßler kriecht über einen bemoosten Baumstamm. Wird das harmlose Tier gestört, rollt es sich zusammen und verläßt sich auf seine schützende harte Außenhaut. Wird es gereizt, sondert es aus Drüsen an den Körperseiten eine widerwärtige Flüssigkeit ab.

Im Regenwald /113

als wir den nächsten Bach erreichten, der schon ein kleiner Fluß war, sah ich stromaufwärts unter einem Überhang am Ufer ein mittelgroßes Krokodil lauern und vergaß rasch mein Mißtrauen gegenüber den Baumstämmen.

Eine an manchen Stellen bis zu zehn Zentimeter dicke Laubschicht bedeckt den Boden des Regenwaldes und wird vom Wind an den Stützwurzeln der Bäume angehäuft. Diese ständig feuchtwarme Schicht ist für unzählige Tiere zugleich Unterschlupf und Nahrungsquelle. Als wir den Pfad entlangmarschierten, liefen überall Echsen herum. Kletterpflanzen, Ranken, Orchideen, Farne und Lianen schmückten die Bäume, von denen einige todgeweihte Riesen waren, die in der stetig enger werdenden Umarmung von Würgefeigen starben. Wo Bäume umgestürzt waren, hob Sonnenlicht die satten Laubfarben hervor.

Am Rand einer kleinen Lichtung sah ich eine große Krontaube hoch oben in den Bäumen auf einem Ast sitzen. Ihr tiefer, dröhnender Ruf wurde von einem Artgenossen im Dschungel aufgenommen. Die Krontaube ist die größte Taube der Welt – sie wird etwa 75 Zentimeter hoch –, und ihr Fleisch gilt bei den Eingeborenen als Delikatesse.

Als wir weitermarschierten, hörte ich ein lautes Schwirren; es kam von den Flügelschlägen eines Nashornvogels, den wir aufgescheucht hatten. Dieses typische Fluggeräusch erinnert etwas an das Puffen einer Dampflokomotive. Nashornvögel sind im Regenwald häufig anzutreffen. Man hört sie oft am frühen Morgen, wenn sie von ihren Schlafplätzen zu Freßplätzen fliegen, und sieht ihre Silhouetten in langen Linien vor dem sich rötenden Himmel, wenn sie in der Abenddämmerung zurückkehren.

Am Nomad River gibt es noch viele Kasuare – riesige flugunfähige Vögel, die mit den Emus verwandt sind –, weil dieses Gebiet nur spärlich besiedelt ist und Pfeil und Bogen noch immer die normalen Jagdwaffen sind. Ich bekam mehrere Tiere flüchtig zu sehen, bevor der „Shootboy", der unsere Patrouille begleitete, eines erlegte. Tauben und Kasuare sind eine willkommene Bereicherung der normalen Marschverpflegung, die aus Reis und Fleischkonserven besteht. Unser Kasuar war ein Helmkasuar, ein Vertreter der bekanntesten der drei Kasuararten Papua-Neuguineas. Er hatte eine Schulterhöhe von etwa 1,35 Meter; sein struppiges Gefieder aus dünnen schwarzen Federn verbarg rudimentäre Flügelansätze; auf dem Kopf hatte er einen schwarzen Hornhelm, und an seinem kahlen Hals leuchteten farbige Flecken in Blau-, Rot- und Gelbtönen.

Der Kasuar ist außer dem neuseeländischen Kiwi der einzige flugunfähige Vogel, der lieber im Dschungel als auf Savannen und Prärien lebt. Er ist ein unbeholfenes Tier, das sich oft durch das Knacken abbrechender Zweige verrät. Aber er erreicht Geschwindigkeiten bis zu 45 Stundenkilometern und kann hohe Hindernisse mit einem einzigen Sprung überwinden. In vielen Teilen Papua-Neuguineas tauschen die Eingeborenen Kasuarküken von anderen Stämmen ein und mästen sie, um sie später zu essen. Ausgewachsene

Ein Südsee-Gecko, dessen senkrechte Pupillen sich im Blitzlicht des Photographen zusammenziehen, springt auf seiner nächtlichen Insektenjagd von Ast zu Ast. Zusätzlich zu ihren scharfen Krallen hat diese Echse unter jedem Zeh winzige Haken, mit denen sie sich an glatten, rutschigen Flächen mühelos festklammern kann.

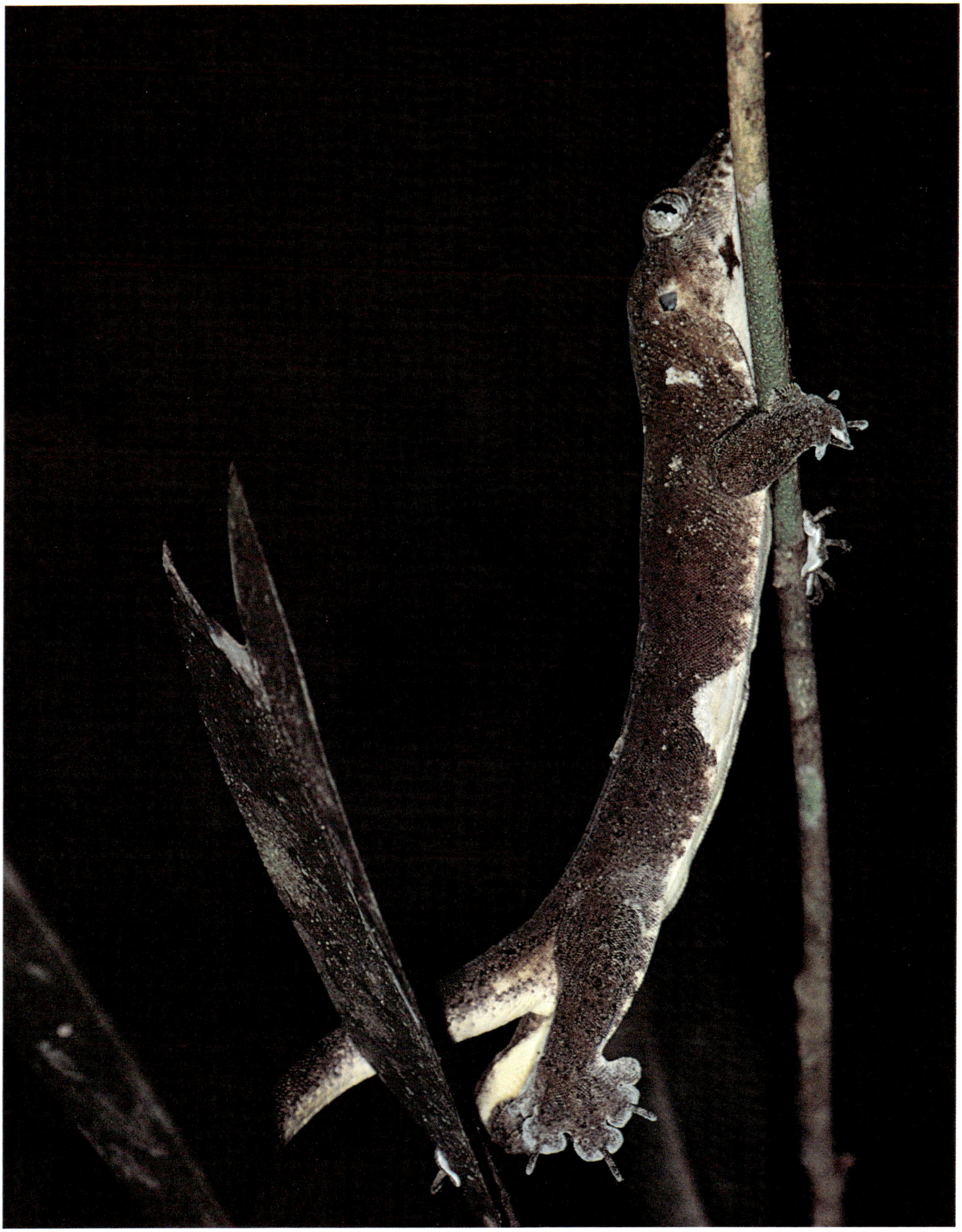

Vögel werden stets in Gehegen gehalten, denn der kräftige Fuß des Kasuars ist an der inneren seiner drei Zehen mit einer langen scharfen Kralle bewehrt, von der ein Hieb tödlich sein kann.

Fast überall, wo man morgens oder abends im Regenwald Papua-Neuguineas unterwegs ist, bekommt man zahlreiche kreischende Papageien zu sehen. So war es auch an diesem Morgen. In weniger als einer Stunde sah ich zwei Edelpapageien, die in einem hohen abgestorbenen Baum nisteten, den außergewöhnlich langschnäbligen Borstenkopfpapagei, einen riesigen schwarzen Palmkakadu, viele rotwangige Papageien und mehrere Schwärme von 20 bis 30 Gebirgsloris; die glitzernd roten, grünen, blauen und gelben Farbtöne der Loris bildeten einen kräftigen Farbtupfer vor dem grünen Hintergrund der Baumkronen. In Papua-Neuguinea gibt es über 40 Papageienarten, darunter auch den kleinsten Papagei der Welt, den winzigen Zwergpapagei, der nur acht Zentimeter groß wird und in Höhlen nistet, die er in den Nestern von Baumtermiten anlegt.

Den herrlichen Schmucksichelschwanz, einen Paradiesvogel, hört man öfter, als daß man ihn zu sehen bekommt. Ein jähes Aufblitzen roten, gelben, grünen und purpurnen Gefieders, ein kurzer Blick auf ausgebreitete Schwingen oder nachgeschleppte strahlenartige Schwanzfedern hoch im Geäst ist oft alles, was man vom Vorbeiflug eines Prachtexemplars mitbekommt. Die raffinierte Balz, die in den Baumwipfeln stattfindet, ist selten zu beobachten, doch manche anderen Paradiesvogelarten zeigen sich in der Paarungs- und Nistzeit offener, und ihr Balzspiel kann tagsüber mehrmals stattfinden.

Wir hatten etwa die Hälfte der Marschstrecke bis zum nächsten Dorf zurückgelegt, als ich die Rufe mehrerer Großer Paradiesvögel ganz in der Nähe des Pfades hörte. Da ich hoffte, dort Balzspiele zu sehen, lief ich der Patrouille voraus und schlich dann durch den Urwald auf die Vogelrufe zu. Ich war begeistert, als ich einen Baum mit fünf Paradiesvogelmännchen fand, die miteinander wetteiferten. Jeder Vogel hatte sich einen oder zwei Äste als privaten Balzraum gesichert und senkte die ausgebreiteten Flügel, um sein leuchtend rotes Schmuckgefieder als schimmernde Farbfontäne zu zeigen. Während das Männchen seinen Lockruf ausstieß, senkte es mit hängenden Flügeln den Kopf und ließ in einem ekstatischen Schauer Körper, Flügel und Schmuckgefieder erzittern, so daß die leuchtend bunten Federn schillerten.

In den Bäumen der näheren Umgebung flatterten ungefähr 15 Weibchen herum, und ich konnte mir vorstellen, daß ihnen angesichts so vieler prächtiger und feuriger Freier die Wahl schwerfiel. Von Zeit zu Zeit kam eines auf den Ast eines Männchens, das dann um so eifriger balzte und sich dabei mit kleinen Sprüngen den Ast entlang dem Weibchen näherte. Im letzten Augenblick duckte das Weibchen sich unterwürfig zusammen oder flatterte in einem plötzlichen Anfall von Scheu davon – allerdings nie allzuweit. Wenn es inzwischen nicht durch ein resoluteres Weibchen von seinem Platz verdrängt

Ein etwa einen Meter großes ausgewachsenes Weibchen des Bennettkasuars läuft durch den Regenwald Neuguineas. Obwohl diese flugunfähigen Vögel im Regenwald ziemlich häufig sind, sind sie sehr scheu. Die einzigen Anzeichen für ihre Gegenwart sind oft nur die unverkennbaren Spuren ihrer scharfen Krallen und ihr Kot, der mit Kernen von verschlungenen Früchten durchsetzt ist.

worden war, kam es bald wieder zurück, um das Männchen erneut in Versuchung zu führen. Nach der Paarung verlor das Männchen alles Interesse an dem Weibchen und hielt später wieder nach einem anderen Ausschau.

Ich beobachtete die Balzspiele so lange, daß es einige Zeit dauerte, bis ich die Patrouille wieder eingeholt hatte. Die Soldaten verließen eben den Primärwald und durchquerten etwa eineinhalb Kilometer vor dem Dorf einen Streifen Sekundärwald und ehemaliges Gartenland. Bevor ich zum Nomad River aufgebrochen war, war ich vor den dort in Massen vorkommenden Blutegeln gewarnt worden, aber ich hatte nur wenige gesehen – jedenfalls bisher. Hier wimmelte es auf dem Erdboden und den Pflanzen von Blutegeln. Wenn ich einen Augenblick stehenblieb, sah ich bis zu zwanzig Tiere, die sich den Pfad entlang auf mich zu bewegten, während andere sich rechts und links auf Büschen in die Luft reckten und darauf warteten, daß ich sie streifte. Da ich lange Wollsocken und Segeltuchgamaschen trug, fanden die Blutegel bei mir ideale Bedingungen vor. Sie waren winzig genug, um durch die Gamaschenösen oder durch die Maschen der Wollsocken zu dringen, bis sie an meinen Füßen saugen konnten. Als ich im Dorf Stiefel und Socken auszog, waren meine Füße in Blut gebadet. Das passierte mir in diesem Gebiet noch mehrmals. Zum Glück scheinen die Blutegel keine Krankheiten zu übertragen, aber ihre Bisse jucken, und man kann sich gefährliche Infektionen zuziehen, wenn man sie aufkratzt.

Ich habe mich immer glücklich geschätzt, weil ich nicht zu empfindlich gegen Insektenstiche bin. Besonders froh war ich darüber einige Zeit später, als ich auf der Suche nach Echsen im Regenwald unterwegs war. Ich fand die meisten auf Baumstümpfen und umgestürzten Bäumen, aber manche versteckten sich darunter. Ein leises Summen hätte mich zur Vorsicht mahnen sollen, als ich mich einem kleinen Baumstamm näherte, denn als ich ihn hochhob, flog mir ein ganzer Schwarm kleiner schwarzer Wespen ins Gesicht. Wie es mir gelungen ist, mit nur zwei oder drei Stichen zu entkommen, weiß ich selbst nicht, denn die Wespen schwärmten um mich herum, bevor ich flüchten konnte. Ich brach wie ein wildgewordener Stier durch den Dschungel, zertrampelte junge Bäume und zerriß Lianen, um so schnell wie möglich eine größere Entfernung zwischen mich und das Wespennest zu bringen.

Die winzigen, bläßlich rotbraunen Buschmilben, die im Regenwald überall auf dem Boden vorkommen, können ähnlich unangenehm sein. Einzeln sind diese Milben fast unsichtbar, aber man spürt ihre Gegenwart bald, wenn sie über entblößte Hautstellen kriechen. Sie rufen starken Juckreiz hervor und können außerdem Tsutsugamuschifieber von Ratten auf Menschen übertragen. Diese Krankheit ist heutzutage durch den Einsatz von Chloromycetin praktisch ausgerottet, aber sie hat noch im Zweiten Weltkrieg zahlreiche Opfer unter den Soldaten gefordert.

Am Nomad River wird so wenig Wild gejagt, und das dortige Gebiet ist so abgelegen, daß ökologisch nachteilige Veränderungen auf Jahre hinaus nicht zu erwarten sind. In anderen Tieflandwäldern Papua-Neuguineas haben diese Veränderungen bereits begonnen. Kurz nach meiner Ankunft in Port Moresby besuchte ich regelmäßig ein etwa 50 Kilometer von der Stadt entferntes Monsunwaldgebiet, um einige Honigfresserarten zu studieren. Wir fingen sie in Netzen und kennzeichneten sie mit numerierten Aluminiumringen, um bei späteren Ausflügen womöglich dieselben Vögel erneut zu fangen, Veränderungen ihres Federkleides registrieren und ihre Aufenthaltsdauer bestimmen zu können. Dieses Gebiet ist jetzt mit eingeführten Teakbäumen bepflanzt. Der Wald, den wir kannten, ist verschwunden. Und ganz in der Nähe wird jetzt ein prächtiger Wald mit großen Urwaldbäumen, unter deren mit Orchideen und D'Albertis Kletterpflanzen bewachsenen Ästen es von Wild gewimmelt hat, für landwirtschaftliche Zwecke gerodet.

Die durch die Einführung einer Geldwirtschaft an das Land gestellten Anforderungen bewirken, daß weiterer Regenwald gerodet wird, um Platz für Viehweiden, Tee-, Kaffee- und Gummiplantagen und monotypische Wälder zu schaffen. Noch schlimmer ist der Einschlag von Exportholz auf Hunderte von Hektar großen Primärwald-Gebieten, ohne daß entsprechend wiederaufgeforstet würde. Papua-Neuguineas natürliche Reserven werden erschreckend schnell ausgebeutet.

Am Beispiel des West Sepik District im Nordwesten des Landes läßt sich diese Entwicklung am besten demonstrieren. Ich war zum erstenmal vor einigen Jahren mit einem Kollegen dort, um Berichten nachzugehen, die von Funden prähistorischer Steinbeile, Axtschneiden und anderer Gegenstände sprachen. Wir wissen nur wenig über die prähistorische Steinkultur Papua-Neuguineas, deshalb lohnt es sich, jedem Hinweis auf Art und Verbreitung von Steinwerkzeugen nachzugehen. Wir hatten vereinbart, daß wir auf einer Missionsstation tief im Regenwald unterkommen würden.

Als ich aus dem Sportflugzeug einen ohne Unterbrechungen bis zum Horizont reichenden Dschungel sah, war ich beruhigt, weil der größte Teil des Landes offenbar noch unberührt war. Dann stießen wir plötzlich in ein enges Tal hinunter, in dem der winzige Landeplatz lag. Der Pilot landete sicher, startete jedoch sofort wieder und ließ mich und meinen Begleiter am Flugplatzrand zurück. Wir waren von einem dichten Wall hoher Regenwaldbäume umgeben; daß wir uns hier in einer Wildnis befanden, stand außer Zweifel. Im Schatten warteten wir auf die Ankunft einheimischer Träger. Überall waren Vögel zu hören – ein ungewöhnliches Erlebnis, weil sie sonst in der Mittagshitze meistens schweigen. Wir brauchten nicht lange zu warten. Als unsere Führer eintrafen, erklärten sie uns, bis zur Missionsstation seien es ungefähr acht Kilometer. Aus dem Marsch wurde – wie sich herausstellen sollte – ein wunderbarer Spaziergang.

Sobald wir den Regenwald betraten, fiel uns sein Wildreichtum auf. Weißkehlige Fächerschwänze, Rotdrosseln und gefleckte Drosseln waren zu hören, als wir den Dschungelpfad entlanggingen. Honigfresser und Blütenpicker ernährten sich von Blüten und kleinen Beeren. Ein Weißkehlrennschmätzer, ein makellos himmelblauer Vogel mit schwarzen Augenstreifen und schneeweißer Brust, hüpfte mit hochgerecktem Kopf über den Waldboden und behielt uns dabei ununterbrochen im Auge.

Als wir rasteten, entdeckten wir eine Gruppe weißschultriger Emu-Zaunkönige am Wegesrand. Ich pfiff ihnen zu, und sie kamen allmählich näher, bis ein prächtiges Männchen mit mattschwarzer Decke und weißen Schulterstreifen sich bis an den äußersten Rand des am Weg wachsenden Grases vorwagte. Auch die braunen Weibchen kamen heran und hüpften aus dem Gras heraus und wieder hinein, wobei ihre Schwänze wie kleine Flaggen in die Höhe ragten. Sie wurden nervös, als sie uns sahen, und zogen bald weiter.

Überall riefen Paradiesvögel. Manchmal sangen ganze Gruppen harmonisch zusammen, aber gelegentlich konnte ich ein Paar ausmachen, dessen Rufe ein melodischer Wechselgesang waren. Ich entschloß mich zu einem Experiment, indem ich ihren Ruf nachahmte, und bald antwortete mir das Pärchen. Die beiden kamen vorsichtig näher, bis sie in etwa 100 Meter Entfernung in den Baumwipfeln saßen. Wir antworteten uns noch einige Minuten lang, bevor sie zu der Überzeugung gelangten, das sei Zeitverschwendung, und schließlich fortflogen.

Entlang des Weges fand ich überall verschiedene Pflanzen: Peperonia-Schlingpflanzen, Hirschhorn- und Vogelnestfarne, Ingwer, Kletterpalmen, Orchideen und Aronstäbe. Dazwischen gab es Echsen, Spinnen, Hundertfüßler, Vogelfalter, Stabheuschrecken, Tausendfüßler und Schlangen. Der Regenwald erinnerte mich an einen gut besetzten natürlichen Zoo.

Aber diese herrliche Wildnis ist jetzt durch vom Menschen vorgenommene Veränderungen gefährdet. Das Bedürfnis nach neuem Gartenland für die Eingeborenenstämme in Dschungelrandgebieten hat dazu geführt, daß dort Neuland gerodet wird, weil der alte Boden unfruchtbar geworden ist. Der Bevölkerungszuwachs hat diesen Prozeß noch beschleunigt, und jetzt herrscht solcher Mangel an Gartenland, daß die Grundbesitzer unter Druck gesetzt werden, weitere Waldgebiete zur Kultivation freizugeben.

Wenn zumindest Teile dieses Regenwaldes erhalten bleiben sollen, müssen sie als Nationalpark geschützt werden. Seitdem die Verhältnisse in Papua-Neuguinea sich geändert haben, ist die Notwendigkeit, Nationalparks einzurichten, unbestritten. Aber dabei darf keine Zeit mehr verloren werden. Soviel wir wissen, ist in Papua-Neuguinea noch kein einziges Waldtier durch den Menschen ausgerottet worden. Nur wenige andere Länder können die gleiche stolze Feststellung treffen. Es wäre schade, wenn sich dies in Zukunft ändern und der Mensch auch diese Wildnis zerstören würde.

Jagd in der Dämmerung

In den Regenwäldern Neuguineas kommt die Abenddämmerung rasch. Wenn die Schatten länger werden und die Luft sich abkühlt, ziehen sich die vielen Tagtiere unter den Vögeln und Insekten in ihre Nester und Schlupfwinkel zurück.

Jetzt aber wird es im Wald plötzlich laut, wenn Grillen, Zikaden und andere Tiere der Abenddämmerung aus ihren Ruheplätzen herauskommen, sich zu bewegen beginnen und dabei ihre charakteristischen Laute ausstoßen. Für die kurze Zeit der Dämmerung gehört der Regenwald ihnen.

Bei nachlassendem Licht kriechen buntgefärbte Baumfrösche unter Laub und loser Rinde hervor und machen sich auf Insektenjagd; die schrillen Stimmen der Männchen verkünden dabei ihre Anwesenheit den anderen Artgenossen. Fledermäuse entfalten ihre Schwingen und verlassen ihre Schlafplätze; einige Arten jagen Insekten, die in der Abenddämmerung durch den Wald schwärmen, andere – z.B. der Flughund *(rechts)* – suchen früchtetragende Bäume. Im Gegensatz zu den insektenfressenden Fledermäusen hat der Flughund kein Ultraschall-Echolot, das ihn beim Flug führen könnte, sondern verläßt sich auf seine scharfen Augen.

Sobald es dunkler wird, wachen auch die nachts aktiven Säugetiere auf, um auf Futtersuche zu gehen. Zu ihnen gehört der in Bäumen lebende Fleckenkuskus. Dieses wollig behaarte Beuteltier klettert langsam durchs Geäst und sucht seine Lieblingsblätter und -früchte, Insekten und Vogeleier.

Zu den Verwandten des Fleckenkuskus gehört der Gleichfarbenkuskus, der aber nicht ausschließlich in Bäumen lebt, sondern häufig den Waldboden nach Nagetieren und Insekten absucht. Tagsüber versteckt er sich gern in Höhlen unter Baumwurzeln. Obwohl die großen Kuskusaugen ins Leere zu starren scheinen, sieht das Tier wie die meisten nachts jagenden Säugetiere ausgezeichnet.

Nagetiere huschen durchs Unterholz, an Ranken und Ästen entlang und erregen die Aufmerksamkeit von Eulen, deren Sinne fein auf die Nachtjagd eingestellt sind. Die Netzhaut des Eulenauges enthält gewaltige Ansammlungen von Stäbchen, den lichtempfindlichen Nervenzellen, während große und hochentwickelte Ohren ihnen die Möglichkeit geben, Geräusche sehr gut wahrzunehmen und genau zu lokalisieren. Das Beutetier wird dann fast geräuschlos angeflogen und hat kaum mehr eine Chance zu entkommen.

Bei zunehmender Dunkelheit kommen viele Reptilien wie der Smaragdpython und die Nachtbaumnatter hervor, die auf der Suche nach Fröschen und schlafenden Vögeln sind.

Nur etwa eine halbe Stunde dauert dieses Treiben im Regenwald, dann ist die lautstarke Kakophonie zum größten Teil verstummt; die Tiere der Abenddämmerung ziehen sich zurück und überlassen es den Nachttieren, im dunklen Wald auf Futtersuche zu gehen.

Dieser noch eng in seine Flügel gewickelte Röhrennasen-Flughund ist eben bei beginnender Dämmerung aufgewacht und wird bald auf die Suche nach seinen Lieblingsfrüchten fliegen. Die etwa einen Zentimeter langen Nasenröhren sind beim Fressen von der Frucht abgewandt, damit dem Flughund kein Fruchtsaft in die Nase läuft.

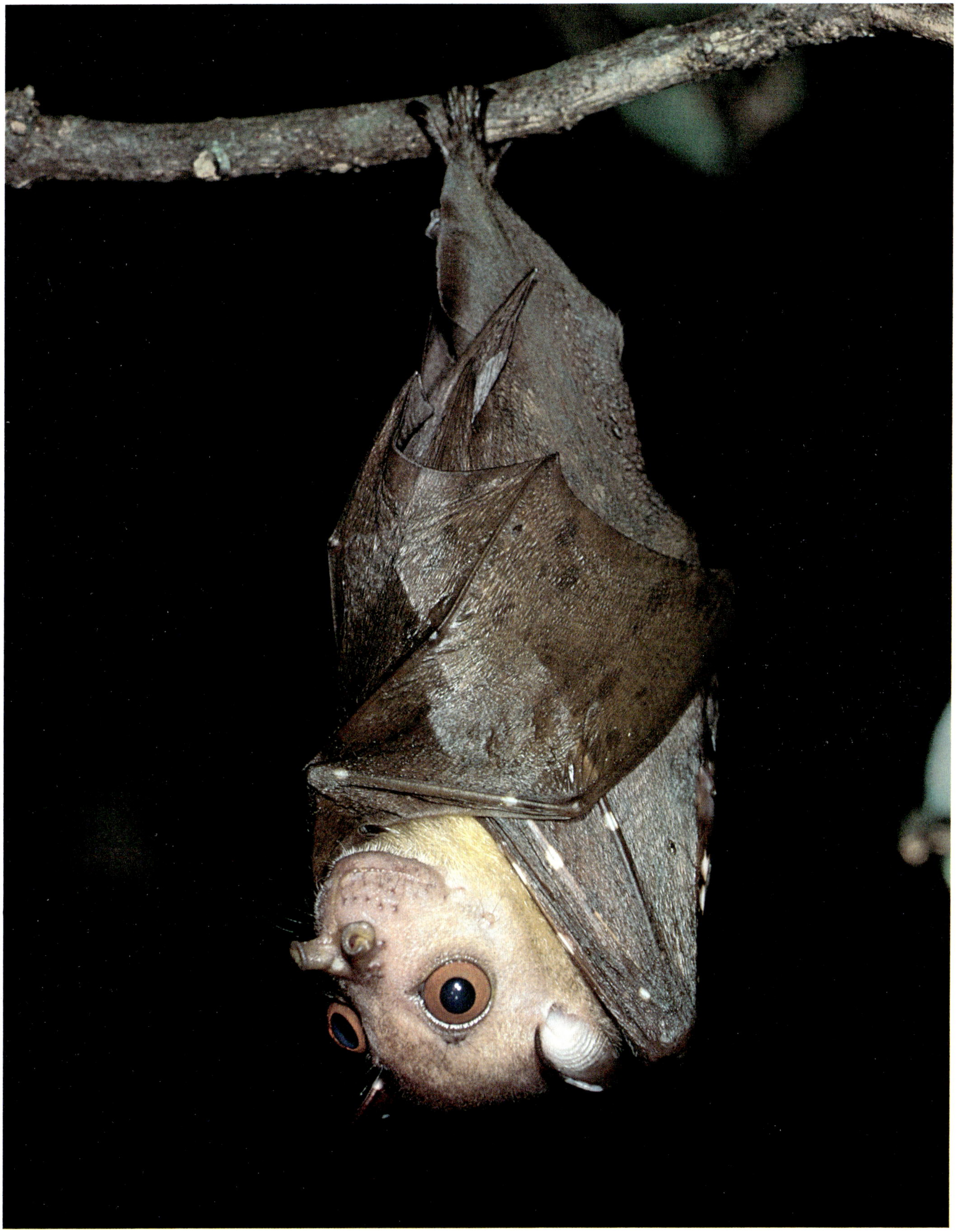

Ein Fleckenkuskus-Männchen (oben), eines der vielen Beuteltiere Neuguineas, klettert einen Baumstamm hinunter. Der nachts aktive Kuskus hat sich dem Baumleben gut angepaßt: er besitzt einen teilweise unbehaarten Greifschwanz und gekrümmte starke Krallen, mit denen er sich an Zweigen festklammern kann.

Zwei Gleichfarbenkuskusse (rechts) scheinen Gefahr zu wittern. Diese mit dem Fleckenkuskus eng verwandten kurzhaarigen Allesfresser sind überall anzutreffen: in Mangrovensümpfen, wo sie Krabben und Schlammspringer fangen, ebenso wie in Bergwäldern, wo sie Nagetiere, Früchte, Beeren und Blüten fressen.

Jagd in der Dämmerung /123

Eine Dunkle Schleiereule sucht den Waldboden nach Insekten ab. Die großen Augen der Eule sind viel schärfer als die des Menschen, stehen aber ähnlich an der Kopfvorderseite, um plastisches Sehen zu ermöglichen; sie sind jedoch nur wenig beweglich. Zum Ausgleich kann die Eule ihren Kopf um volle 270 Grad drehen.

Ein Kuckuckskauz (rechts), der eben ein großes Insekt gefangen hat, spreizt zur Landung die Schwanz- und Flügelfedern. Seine im Verhältnis zum Körper großen Flügel geben ihm die Möglichkeit, mit wenigen Flügelschlägen zu fliegen. Auf diese Weise kann der Kuckuckskauz seine Beute fast lautlos angreifen.

Jagd in der Dämmerung /125

Ein Neuguinea-Laubfrosch (oben) starrt in das Blitzlicht des Photographen. Seine Zehenspitzen sind zu scheibenförmigen Saugnäpfen vergrößert, mit denen der Frosch sich tagsüber, wenn er ruht, an der Unterseite glatter Blätter längere Zeit festhalten kann.

Mit aufgeblasenem Kehlsack quakt ein Baumfrosch (rechts) seinen Lockruf, der allen etwa in der Nähe befindlichen Weibchen gilt. Der Sack, der sich in leerem Zustand zusammenzieht und unauffällig unter dem Maul liegt, verstärkt die Stimme des winzigen Tieres.

Jagd in der Dämmerung /127

Dieser junge Smaragdpython (links) wird bald seine gelbe gefleckte Haut abstreifen, sich aber noch mehrmals häuten, bevor er die smaragdgrüne Färbung eines ausgewachsenen Tieres zeigt. Er frißt Nagetiere und kleine Vögel, die er in den Schlingen seines Körpers erstickt, bevor er sie mit seinen großen, gebogenen Zähnen in den Schlund zieht.

Eine Nacht-Baumnatter (rechts) windet ihren schlanken Körper von einem Ast und züngelt dabei mit ihrer gespaltenen Zunge. Auf der Jagd nach einem Beutetier nimmt ihre Zunge Duftspuren aus der Luft auf und führt sie zur Analyse zu einem Sinnesorgan, das Jacobsons Organ genannt wird und im Rachenraum liegt.

Jagd in der Dämmerung /129

Eine Winkelkopf-Agame hängt sich über einige Zweige, um so zu schlafen. Die Echse, die in der Dämmerung bis zur letzten Minute Stechmücken und Nachtfalter gejagt hat, nimmt diese merkwürdige Stellung ein, um nächtlichen Räubern vorzutäuschen, sie sei ein Teil des Baumes.

Jagd in der Dämmerung /131

5/ Savanne und Sumpfland

*Die Stille ist absolut, die erbarmungslose Hitze unerträglich.
Soweit das Auge reicht, leuchten hohe Gräser,
steif wie Stahlklingen, in Grün- und Gelbtönen.*

ANDRE DUPEYRAT / *PAPUA*

Als ich zum erstenmal nach Neuguinea kam und in Port Moresby landete, war ich überrascht und enttäuscht. Aus Berichten von Forschungsreisenden hatte ich eine Vorstellung von Tälern und zerklüfteten Gebirgen, die von Küste zu Küste mit Regenwald bedeckt waren, und was ich hier sah, war ziemlich genau das Gegenteil. Eine trockenere, eintönigere Landschaft konnte es meiner Meinung nach nur in der Wüste geben. Ich wollte meinen Augen nicht trauen und konnte mir zunächst das Phänomen nicht erklären.

Niemand hatte mir erzählt, daß es entlang der Küste im Central District von Papua-Neuguinea ein Gebiet gibt, in dem es acht Monate des Jahres kaum regnet. Port Moresby liegt in einem 150 Kilometer breiten Gürtel aus hügeligem Grasland, das mit Bäumen durchsetzt ist und gelegentlich von Mangrovensümpfen oder Regenwaldinseln unterbrochen wird. Später stellte ich fest, daß diese Küstensavanne kaum 30 Kilometer landeinwärts reicht. Und ich entdeckte auch, daß die Savanne auf ihre Weise faszinierend und schön ist und ihre Erforschung sich lohnt.

Jetzt unternehme ich oft Streifzüge in die Umgebung von Port Moresby. Das Tierleben in der dortigen Savanne unterscheidet sich deutlich von dem des weiter landeinwärts beginnenden Regenwaldes; tatsächlich hat es mehr Ähnlichkeit mit dem Australiens. Ich habe mir angewöhnt, mir alle Tiere zu notieren, die ich unterwegs sehe, und die Unterschiede treten dabei deutlich hervor. Bei einer Wanderung durch die Savanne zum Regenwald, die leicht in einem Tag zu schaffen ist, stehen auf meiner Vogelliste zwei verschiedene Gruppen von Arten: die der Savanne und die des Regenwaldes. Ich versuche jedesmal, den Schutz des Waldes bis Mittag zu erreichen, weil dann die Backofenhitze der Savanne am schlimmsten ist. Stellen Sie sich vor, Sie müßten sich einen Weg durch teilweise übermannshohes Gras bahnen, das Sie an den Ohren kitzelt und Ihnen in die Augen gerät. Es ist erstickend heiß. Die über dem Gras wehende Brise kann Ihren Körper nicht erreichen, Bäume gibt es nur wenige, und die meiste Zeit brennt die Sonne unbarmherzig auf Ihren Kopf herab. Selbst wo das Gras niedriger ist, ist die Brise heiß. Deshalb ist es eine Erleichterung, das kühle Halbdunkel des Waldes zu betreten.

Zwanzig Kilometer nördlich von Port Moresby liegen zwei niedrige Berge, die durch einen kleinen Sattel miteinander verbunden sind und ziemlich großartig Mount Lawes und Little Mount Lawes heißen. Sie sind zum größten Teil mit baumreicher Savanne bedeckt, aber an ihren Hängen findet sich vereinzelt halbimmergrüner Monsunwald, der sehr dicht und verfilzt sein kann. Ich war einmal mit einem Archäologen unterwegs, um ihm eine Stelle am Little Mount Lawes zu zeigen, wo ein prähistorisches Eingeborenendorf gestanden hatte. Wir ließen unseren Wagen auf dem Bergsattel stehen und brachen zu Fuß in die Savanne auf.

Die Trockenzeit war so weit fortgeschritten, daß ein großer Teil des Grases abgestorben war; einige Flächen waren von einheimischen Jägern abgebrannt worden, um Wallabys aus ihren Verstecken zu treiben. Wo das Gras fehlte, kamen wir verhältnismäßig leicht voran. Die Bäume bildeten hier einen lichten Wald, und wir konnten etwa 200 Meter weit sehen. Unterwegs flogen Savannenvögel wie der Blauflügel-Kookaburras und der Neuguinea-Lederkopf an uns vorbei, und wir hörten andere von Eukalyptusbäumen rufen. Dann wurden wir auf die harten, knarrenden Rufe mehrerer Graukopf-Laubenvögel in einem Rankengestrüpp aufmerksam. Ich vermutete, daß sich in dem Gestrüpp eine Laube, der Balzplatz dieses Vogels, befinden müsse, und hatte recht: nachdem ich eine Zeitlang durchs Dickicht gekrochen war, entdeckte ich eine prächtige Laube, die unter überhängenden Zweigen und Blättern versteckt angebracht war.

Der Archäologe war von der Laube fasziniert. Sie bestand aus dünnen aufgestellten Zweigen, die einen etwa einen Meter langen, nach oben offenen Korridor bildeten, der 45 Zentimeter hoch und gerade so breit war, daß der Vogel hindurchhüpfen konnte. An beiden Enden dieser Allee war aus Zweigen eine Plattform errichtet; eine davon war mit hellgrünen Beeren geschmückt. Mit den gleichen Beeren hatte der Graukopf-Laubenvogel sorgfältig die Oberkanten der Wände verziert.

Ich schilderte meinem Begleiter, wie das Männchen die Laube baut, ausschmückt und darin wartet, bis Weibchen angelockt werden und zum Rand des Balzplatzes kommen, um sich seinen Tanz anzusehen. Sobald er ein Publikum gefunden hat, kommt er aus der Laube, senkt den Kopf und weist den Weibchen seine Nackenfedern. Dieser Teil der Balz ist verblüffend, denn die bei Port Moresby vorkommenden Graukopf-Laubenvögel haben ganz gewöhnliche Nackenfedern, die sich kaum von denen an Kopf und Rücken

134/ **Savanne und Sumpfland**

DAS SCHMÜCKEN DER LAUBE

Die Laube des Laubenvogels

Das Männchen des Braunbrüstigen Graukopflaubenvogels, der nur auf den Savannen Ostneuguineas und Nordaustraliens vorkommt, ist ein eifriger Verführer, der drei Tage lang arbeitet, um eine stabile Balzlaube zu bauen. Aus Reisern und Zweigen flicht er eine rechteckige Plattform, die bis zu einem Meter lang und 35 Zentimeter hoch sein kann; darauf errichtet er die eigentliche Laube: zwei kurze parallele Wände aus Reisern, zwischen denen ein intimer Paarungsraum entsteht. Zum Schluß verziert er Plattform und Laube mit grünen Beeren.

Sobald die Laube fertig ist, balzt das Männchen auf der Plattform und lockt ein Weibchen hinein. Nach der Paarung baut das Weibchen ein Baumnest, in dem es brütet und die Jungen anschließend allein aufzieht.

EROBERUNG EINES WEIBCHENS

unterscheiden. Andere Arten in Australien zeigen dem Weibchen einen lebhaft rosa Nackenkamm. Manche Wissenschaftler sind der Meinung, der Graukopf-Laubenvogel Neuguineas habe die farbigen Nackenfedern verloren, aber die Bewegung, mit der sie vorgewiesen wurden, beibehalten; andere glauben, diese Art habe nie farbige Federn besessen.

Manchmal hält das Männchen die grünen Schmuckbeeren während der Balz im Schnabel. Sobald eines der Weibchen genügend beeindruckt ist, paaren die beiden sich in der Laube. Das Studium einer Laubenvogelart hat gezeigt, daß das Männchen polygam ist, und das gilt wahrscheinlich auch für andere Arten. Nach der umständlich zelebrierten Balz überläßt es das Männchen dem Weibchen, ein Nest auf einem hohen Baum zu bauen, die Eier auszubrüten und die Jungen aufzuziehen.

Wenn das Männchen nicht balzt, wendet es viel Zeit für seine Laube auf, ordnet die Beeren auf der Plattform neu oder richtet die Zweige der Wände aus. Es „bemalt" die Wände auch – ein ungewöhnliches Verhalten, für das es keine befriedigende Erklärung zu geben scheint. Ich habe aus Verstecken beobachtet, daß Laubenvögel offenbar mit Schlamm und Moos in den Schnäbeln malen; in einem Fall verwendete der Vogel eine zerdrückte Beere. Die Vögel scheinen das Material zu zerkauen, mit Speichel zu vermischen und den entstehenden Brei auf die Innenwände der Laube aufzutragen. Als der Archäologe und ich auf diese Laube stießen, waren die Vögel verschwunden; aber ich konnte meinem Begleiter eine Stelle zeigen, wo frische grünlichbraune Farbe auf die Stöcke einer Laubenwand aufgetragen worden war.

Wir marschierten weiter. Raupenfresser, flinke Fächerschwänze, Gelbbrust-Australschnäpper, Gebirgsloris und verschiedene andere typische Savannenvögel waren leicht zu sehen oder zu hören. Als wir um einen Eukalyptusbaum bogen, überraschten wir einen Graslandbewohner: das Papua-Sandwallaby. Dieser kleine Vetter des Kängurus ist in den südlichen Savannen Papua-Neuguineas weit verbreitet und kommt auch in ähnlichen Gebieten Nord-Australiens vor. Das Tier ist sandfarben mit zwei helleren Kopfstreifen und wird knapp einen Meter groß. Wer von dieser Begegnung am meisten überrascht war – wir oder das Wallaby –, ist schwer zu sagen; jedenfalls sprang es blitzschnell auf und flitzte davon.

Wir überquerten einige niedrige Grate, die zum Little Mount Lawes gehören, und sahen den Wald als grüne Wand vor uns. Das prähistorische Dorf lag auf einem flachen Grat am Waldrand. Auf dem Weg dorthin scheuchten wir ein Reh auf, das flüchtete, und ich stolperte über einen im Gras versteckten Ziegenschädel. Rehe und Ziegen sind eingeführte Tiere. Am Ziel brachten wir eine unangenehme halbe Stunde damit zu, den Boden schwitzend nach Feuerstätten oder von Mahlzeiten übriggebliebenen Tierknochen abzusuchen. Wir fanden einige Steinkrummäxte und zahlreiche Tonscherben, ließen aber alles an Ort und Stelle und registrierten die Funde nur, damit bei anderer Gelegenheit eine regelrechte Auswertung und eine kleine Ausgrabung

Savanne und Sumpfland

Eine Amethystschlange, deren Leib durch ein halbverdautes Mahl aufgetrieben ist, sonnt sich am Rand einer Lichtung. Obwohl diese größte Schlangenart Neuguineas bis zu 6,5 Meter lang werden kann, ist ihr Körper im allgemeinen nicht dicker als ein Männerarm. Aber die Haut ist so elastisch, daß selbst Tiere bis zur Größe von Känguruhs geschluckt werden können. Diese ungiftige Schlange tötet größere Tiere, indem sie ihre Beute umwindet, erdrückt, erstickt und dann verschlingt.

vorgenommen werden könnten. Unterdessen klebten uns unsere schweißnassen Hemden am Rücken. Wir eilten dem Wald zu, wo uns im Schatten sofort wohler war, und kühlten uns etwas ab, bevor wir zu unserem Wagen zurückmarschierten und nach Hause fuhren.

Die beste Zeit für eine Erkundung der Savanne mit dem Auto ist die Nacht, denn es ist überraschend, wieviel Wild im Scheinwerferlicht zu sehen ist. Als ich eines Abends mit meiner Frau und unseren beiden Söhnen etwa 30 Kilometer weit in Richtung des Vaimauri River fuhr, sahen wir auf einem Begrenzungspfahl eine Schleiereule sitzen. Wir hielten und stiegen aus, um uns die Eule anzusehen, die sich durch unsere Anwesenheit nicht im geringsten stören ließ. Dann entdeckten wir eine über einen Meter lange Rautenschlange, die ausgestreckt auf der Straße lag. Die Eule interessierte sich sichtlich für diese Schlange, obwohl ich bezweifle, daß sie den Mut aufgebracht hätte, sie anzugreifen. Diese Schlangenart wird in Australien bis zu vier Meter lang, aber in Papua-Neuguinea erreicht sie selten mehr als zwei Meter. Ich hob die Rautenschlange auf, die nach einer Mahlzeit dick und träge war, und ließ sie im Gras am Straßenrand frei.

Als wir weiterfuhren, beobachteten wir eine andere Eulenart: den Kuckuckskauz. Dieser Vogel stößt gelegentlich einen markerschütternden Schrei aus, dem er seinen Spitznamen „Kreischende-Frau-Vogel" verdankt. Ich habe ihn noch nie gehört, kenne aber seinen normalen Ruf, dessen Doppelton an entferntes Hundebellen erinnert. Wir sahen auch ein sehr kleines mausähnliches Tier über die Straße huschen. Wir konnten es nicht identifizieren, bevor es im hohen Savannengras verschwand, aber wir wußten, daß es in der Umgebung von Port Moresby eine seltene, winzige Beutelmaus gibt – die Flachkopfbeutelmaus –, und fragten uns, ob wir eine gesehen hatten. Statt der für plazentale Nager typischen meißelartigen Vorderzähne hat dieses dichtbehaarte Beuteltier ein vollständiges Gebiß wie andere fleischfressende Säugetiere. Es ist für seine Größe erstaunlich wild und fällt selbst Tiere an, die es an Größe weit übertreffen.

Ein Stück weiter sahen wir einen Bandikut am Straßenrand im Gras dahintraben. Er wollte die Straße überqueren, zögerte dann jedoch. Ich stellte den Motor ab und beobachtete, wie er im Scheinwerferlicht sitzenblieb und seine Ohren wie kleine Radarantennen bewegte. Er schien zu spüren, daß ihm von uns keine Gefahr drohte, und flitzte über die Straße.

Meine Familie und ich haben in Australien Bandikuts in Gefangenschaft gehalten, um sie zu photographieren. Der Beutel des Weibchens öffnet sich nach hinten – im Gegensatz zu dem des Känguruhs, der sich nach vorn öffnet und wie eine Schürzentasche aussieht, wenn das Weibchen steht. Da das Bandikutweibchen sich auf allen vieren dicht über dem Erdboden bewegt, wäre es mit einem nach vorn geöffneten Beutel ständig in Gefahr durch Stöcke und Steine. Die Jungen laufen unterwegs hinter der Mutter her und springen ihr zwischen den Hinterbeinen in den Beutel.

Auf unserer Fahrt scheuchten wir mehrere Ziegenmelker auf. In den wärmeren Ländern gibt es ungefähr 67 Arten dieser Vogelgattung; in Papua-Neuguinea sind es sechs, die im Grasland und in Wäldern leben. Wir sahen die häufigste Art, den Langschwanzziegenmelker. Tagsüber schlafen diese Vögel auf dem Waldboden im Laub, wo ihre Schutzfärbung sie fast unsichtbar macht. Nachts fliegen sie auf Insektenjagd, wobei sie wegen ihres flatternden Fluges an riesige Nachtfalter erinnern. Sie rasten nachts oft auf Straßen, werden vom Scheinwerferlicht geblendet und sind dann ziemlich leicht zu fangen. Als wir wieder abfuhren, brachten wir einen Ziegenmelker aus der Gefahrenzone und sahen, daß er nur ein kurzes Stück weit flatterte, um sich dann erneut auf der Straße niederzulassen.

Der Streifen Küstensavanne bei Port Moresby ist eines der niederschlagsärmsten Gebiete Papua-Neuguineas, so daß ein Vierteljahr nach der Regenzeit die kleinen Bäche ausgetrocknet sind. Gegen Ende der Trockenzeit sind Reptilien häufiger als sonst zu beobachten. Ich bin oft in diesem Grasland unterwegs gewesen, wenn das Gras verwelkt oder abgebrannt war, und habe dort Flossenfüßer, schwarze Peitschennattern und Taipane beobachtet, die unterwegs waren, um Wasser oder Beutetiere, die dem zurückweichenden Wasser gefolgt waren, zu suchen.

Vor kurzem entdeckten meine Familie und ich einen sehr großen Taipan. Wir wanderten den Steilhang der Astrolabe Range hinter Port Moresby entlang und folgten dabei einem Weg, der durch Heide und niedriges Gras führt. Schlangen fürchten sich im allgemeinen ebenso vor Menschen, wie wir uns vor ihnen fürchten. Aber in diesem Fall hatten wir mehr Grund zur Angst. Der Taipan ist eine der gefährlichsten Schlangen der Welt: ein knapp zwei Meter langes Durchschnittsexemplar besitzt genügend Gift, um über hundert Menschen zu töten. Außerdem ist der Taipan kräftig, lebhaft und flink, so daß er zu den Schlangen gehört, die am schwierigsten zu bändigen sind. Als wir dieses Exemplar aufgescheucht hatten, war mir klar, daß es am vernünftigsten wäre, es im Unterholz verschwinden zu lassen. Aber ich wollte unbedingt einen Taipan photographieren. Nach einigen vergeblichen Versuchen gelang es mir, ihn im Gras am Schwanz zu packen und hochzuheben. Das gefiel ihm ganz und gar nicht, und er drehte und wand sich bei dem Bemühen, mich zu beißen. Ich mußte ziemlich jonglieren, bis ich ihn in den mitgebrachten Sack hineingesteckt hatte.

Das sollte ihn nur beruhigen. Als ich eine freie Stelle fand, wo der Taipan nicht allzu rasch verschwinden konnte, ließ ich ihn behutsam frei. Er kroch sofort unter den Sack. Nachdem ich meine Kamera eingestellt und Margaret, meine Frau, mit einem langen Stock bewaffnet hatte, waren wir bereit. Margaret benutzte den Stock, um den Sack von dem Taipan wegzuziehen. Als er daraufhin etwas den Kopf hob, photographierte ich ihn aus nur einem Meter Entfernung. Dann transportierte ich langsam und gleichmäßig den Film für die nächste Aufnahme und konnte nur hoffen, daß diese Bewegung ihn nicht verscheuchen würde. Aber er blieb züngelnd an seinem Platz. Nach einigen weiteren Aufnahmen trat ich langsam einen Schritt zurück, und wir beobachteten, wie die glänzend kastanienbraune Schlange rasch über den sandigen Boden davonglitt und im Gras verschwand. Wir hätten den Taipan gern noch etwas länger beobachtet – aber als er verschwunden war, waren wir spürbar erleichtert, der Gefahr entronnen zu sein.

Ein Taipan, eine der giftigsten Schlangenarten der Welt, rollt seinen fast zwei Meter langen Leib in Verteidigungsstellung zusammen, bevor er schnell weggleitet. Er gehört zur gleichen Gattung wie Korallenschlangen und Kobras, ist aber giftiger.

Das Gebiet um Port Moresby ist die trockenste, aber nicht die größte Savanne Papua-Neuguineas. Im äußersten Südwesten der Insel liegt eine als Bensbach Plains bekannte große Niederung. Die Bensbach Plains und der Küstenstreifen bei Port Moresby sind die einzigen Savannen Papua-Neuguineas. Diese Savannenzonen, die unmittelbar nördlich der Torres-Straße liegen, sind Überreste der einst existierenden Landverbindung zwischen dem australischen Kontinent und Neuguinea. Bis die Landbrücke vor ungefähr 40 000 Jahren allmählich versank, war dieser Teil Neuguineas mit Nordqueensland verbunden, und die Savannen Neuguineas sind der Baumsteppe Australiens in Flora und Fauna noch immer sehr ähnlich.

Die Bensbach Plains sind ein Gebiet mit Grasland, Eukalyptuswäldern und Sümpfen, das Tausende von Hektar zwischen der Torres-Straße und dem Fly River umfaßt. Von August bis November ist die Ebene kahl, heiß und ausgedörrt. Man kann kilometerweit durch offenes Grasland wandern, aus dem nur vereinzelte Bäume aufragen. Ein Waldrand am Horizont zeigt an, daß sich dort ein Fluß oder eine Lagune befindet; ansonsten ist die Landschaft eintönig. Aber in den übrigen acht Monaten des Jahres wird die Ebene mit Wasser aus dem Fly River und dem Merauke River in West-Irian überschwemmt und verwandelt sich in einen riesigen Sumpf.

Die Bensbach Plains sind ein zu allen Jahreszeiten wildreiches Gebiet, aber die Tiere zeigen sich am auffälligsten zu Anfang und gegen Ende der Regenzeit. Hirschrudel und Wallabys weiden in dem kurzen, üppigen Gras und trinken aus den zahllosen Tümpeln. Jeden Tag gibt es tausend Begegnungen. Schwärme wütend krächzender Vögel kreisen über einem Hirschkadaver und stürzen sich darauf. Riesige Krähen kämpfen um ihren Anteil an der Beute und werden von Flötenweihen vertrieben. Ein großer Goulds-Waran richtet sich auf den Hinterbeinen auf, bläht wütend die Kehle auf und tut sein Bestes, um die anderen Aasfresser zu verjagen.

Ein Grund für den Wildreichtum der Bensbach Plains ist die Tatsache, daß sie wegen der jährlichen Überflutung für Menschen praktisch unbewohnbar sind. Da die Tiere keine Menschen kennen, sind sie auch wenig scheu. Ich bin einmal zwei Wallabys begegnet, die einfach stehenblieben und mich anstarrten, wobei sie mit den Ohren zuckten und sich mit den Vorderpfoten den Bauch kratzten; dann schienen sie zu der Ansicht zu gelangen, ich sei harmlos, denn sie hüpften langsam davon, um weiterzufressen. In der Küstensavanne bei Port Moresby wird das Rotwild übermäßig gejagt, aber hier lebt es ungestört. Die vorherrschende Art ist der Rusahirsch, der 1913 aus Indonesien nach Niederländisch-Neuguinea, jetzt West-Irian, eingeführt worden ist. Er hat sich nach Papua-Neuguinea ausgebreitet, wo es auf den Bensbach Plains ungefähr 70 000 dieser Tiere gibt. Auch sie sind durchaus nicht scheu. Während sie äsen, heben nur einzelne Tiere den Kopf, um darauf zu achten, daß niemand zu nahe an das Rudel herankommt.

Sie werden jedoch von Raubtieren bedroht. Als ich einmal ein Rudel von etwa 50 Rusahirschen beobachtete, war in der Ferne plötzlich Gebell zu hören. Das ganze Rudel stob augenblicklich davon. Sekunden später sah ich den Grund dafür: ein einzelner Hirsch wurde von einer kläffenden, schnappenden Meute Wildhunde gehetzt.

Der Übergang von der Trocken- zur Regenzeit kann auf den Bensbach Plains sehr plötzlich kommen und ist dann von sintflutartigen Regenfällen begleitet. Das läßt sich an den Erfahrungen zweier Armeepatrouillen zeigen, die wenige Monate nacheinander dort waren. Die erste Patrouille, die zur Ausbildung im September unterwegs war, mußte ihren Wasservorrat drastisch rationieren. Der Lehmboden der Ebene war steinhart und so ausgetrocknet, daß die Soldaten kein Wasser fanden, obwohl sie versuchten, in Senken und Niederungen Brunnen zu graben. Als die zweite Patrouille Anfang Dezember dort war, fand sie das gleiche Gebiet völlig überschwemmt vor. Diesmal wateten die Soldaten ständig bis zu den Knien in Sumpfwasser und mußten nachts auf Plattformen schlafen, die sie mit Zweigen in den Baumästen gebaut hatten. Einmal entdeckten sie gegen Abend eine kleine

Savanne und Sumpfland

trockene Insel, die aber bereits von Schlangen und anderen Tieren besetzt war. Daraufhin zogen sie sich hastig auf ihre Bäume zurück.

Wenn das Hochwasser abläuft, bleiben Seen und Sümpfe zurück – ein idealer Lebensraum für alle möglichen Tierarten, besonders für Vögel. Der Durchschnittsbürger hält Marschen und Sümpfe im allgemeinen für wenig angenehme Aufenthaltsorte und wundert sich über den Naturforscher, der mit Schlamm und Moskitos bedeckt viele Stunden damit verbringt, den Lebensgewohnheiten von Tieren nachzuspüren. Ich gehöre zu den Menschen, die es genießen, das Tierleben an diesen unbequemen, aber faszinierenden Nist- und Futterplätzen zu beobachten. Auf den schwarzen Schlammbänken der Flüsse oder um die Lagunen herum versammeln sich so viele Vögel, daß sie fast die Sonne verfinstern, wenn sie einmal gemeinsam auffliegen. Die auffälligen Spaltfußgänse mit ihren ungewöhnlich langen schwarzen Hälsen und rosa Beinen sitzen oft hoch auf Bäumen. Von ihrem Hochsitz aus beobachten sie das Gedränge unter sich, wo Tausende von Enten sich drängeln und Indische Riesenstörche umherstaken, als hätten sie diese Vogelmassen und ihr Treiben zu beaufsichtigen.

Brolgas, schöne zartgraue Australische Kraniche, die mit den asiatischen Saruskranichen verwandt sind, mischen sich unter die Menge. Wie andere Kranicharten haben sie ein sehenswertes Paarungszeremoniell entwickelt: Männchen und Weibchen tanzen umeinander herum, recken sich, verbeugen sich und springen bei diesem Tanz voll überschäumender Leidenschaft immer wieder hoch in die Luft. Ich habe schon Hunderte von ihnen bei gemeinsamen Spielen beobachtet, die nicht unbedingt auf die Paarungszeit beschränkt sind wie bei anderen Arten.

Verschiedene australische Vogelarten sind nur hier und sonst nirgends in Papua-Neuguinea anzutreffen. Zu diesen gehören der Schwarzrücken-Flötenvogel, der Schwalbenstar, der Keilschwanzadler und die Australische Trappe. Große Schwärme von Wandervögeln suchen oft Schlafplätze auf den Bensbach Plains und an den Rändern der Marschen und Lagunen. Spitzschwanz-Strandläufer, Rotkehl-Strandläufer, Regenbrachvögel und Mongolische Regenpfeifer suchen gemeinsam in den Grasbüscheln an den Ufern und am Wasserrand nach Nahrung. Gruppen von Australien-Löfflern waten langsam durchs seichte Wasser und schwenken die Köpfe von einer Seite zur anderen, während sie mit ihren flachgedrückten Schnäbeln das trübe Wasser sieben. Weißbartseeschwalben und Brahminenmilane schießen über der glitzernden Wasserfläche dahin, während Weißbauch-Seeadler hoch darüber hinwegsegeln und nur gelegentlich herabstoßen.

Diese Seeadler sind majestätische Raubvögel, deren Spiele in der Paarungszeit erstaunlich sein können. Ich beobachtete einmal zwei Adler, die miteinander zu kämpfen schienen, merkte aber bald, daß es sich dabei um ein kompliziertes Balzspiel handelte. Ein Adler segelte waagerecht dahin, während der zweite von unten herauflog, sich auf den Rücken drehte und

Das weiße Gefieder eines Australien-Löfflers hebt sich reizvoll von dem dunkelblauen Wasser eines Teichs in den Bensbach Plains Südpapuas ab. Der Löffler watet langsam und gravitätisch durch das seichte Wasser, schwingt seinen leicht geöffneten Schnabel unter Wasser von einer Seite zur anderen und fängt so die winzigen Wassertierchen ein, von denen er sich ernährt.

seinem Partner einen kleinen Zweig anbot. Wenn der untere Vogel den Zweig losließ – oder ihn zurückbekam –, drehte er oft eine vollständige Rolle; zweimal ging er in fast senkrechten Sturzflug über, aus dem er sich plötzlich wieder abfing, um rasch zu steigen und sich erneut zu seinem Partner zu gesellen. Angesichts der beträchtlichen Größe dieser Vögel waren Geschwindigkeit und Eleganz ihrer Flugfiguren bemerkenswert. Ich habe die Seeadler auch schon beim Fischfang beobachtet und kann mich für ihre Geschicklichkeit verbürgen. Auf den Lagunen der Bensbach Plains stoßen sie herab und greifen Fische von der Wasseroberfläche, ohne dabei ihren Flug wesentlich zu verlangsamen.

Zu den Sümpfen von Papua-Neuguinea gehören Gebiete, die ständig unter Wasser stehen. Riesige Flußdeltas, halb Land und halb Wasser, umgeben die Ebenen mit einem Saum aus Schlammbänken und Sumpfwäldern. Diese Sumpfgebiete, die zu den größten der Tropen gehören, erhalten ihr Wasser im Norden von den Flüssen Sepik und Ramu und im Süden von Fly und Purari. Das nördliche Becken, durch das Sepik und Ramu fließen, ist ein Teil Neuguineas, der allmählich absinkt, so daß das Wasser langsam steigen und die umliegenden Flußtäler überschwemmen kann. Dort erstrecken sich die Sümpfe vom Meer bis zum Fuß des Gebirges. Ihre Erforschung ist mühsam, aber ihre Fauna bietet reiche Entschädigung.

Meiner Ansicht nach sind die Sümpfe das heißeste und unangenehmste Gebiet Papua-Neuguineas. Ist man in einem Motorkanu ohne Sonnensegel unterwegs, verbrennt einem die Sonne das Gesicht. Die Luft ist so drückend schwer und feucht, daß man meint, sie körperlich zerteilen zu müssen. Alle Vegetation wirkt naß, und in der stehenden, mit Feuchtigkeit gesättigten Luft gibt es Myriaden von Moskitos. Aber meine Fahrten sind stets sehr lohnend gewesen. Die Kanäle durch das hohe schilfähnliche „Pit-pit"-Sumpfgras sind die Heimat zahlloser Wasservögel. Einmal fuhr ich langsam einen gewundenen Wasserlauf entlang und beobachtete die Vögel. Acht Buntreiher auf einem Baumstamm sahen mir ängstlich entgegen und flogen dann vor mir her den Kanal entlang. Andere verschwanden seitwärts über dem Gras, aber die meisten schlossen sich den Vögeln vor mir an, so daß es bald über fünfzig waren. Mehrere Schwarze Zwerg-Kormorane, die im Kanal gefischt hatten, gesellten sich zu den Reihern. Dann kamen noch Silberreiher dazu, und die Prozession flog weiter, bis der Kanal zu einem kleinen See wurde, über dem die Vögel sich zerstreuten.

In diesem Gebiet habe ich schon mehrmals den Fasan-Sporenkuckuck beobachtet, der bestimmt zu den häßlichsten und unbeholfensten lebenden Vögeln gehört. Diese Vögel können kaum fliegen, und wenn sie mühsam ins Sumpfgras flattern und sich dort fallenlassen, hat man den Eindruck, ihre Entwicklung sei vor 50 Millionen Jahren zum Stillstand gekommen, bevor sie Gelegenheit hatten, flugtüchtige Vögel zu werden.

Über sich sieht man von Tagesanbruch bis zur Abenddämmerung ständig Vögel vorbeifliegen. Auf den Wasserläufen zwischen Ramu und Sepik unterwegs zu sein, wenn ein Sonnenuntergang sich im stillen Wasser spiegelt, Reiher über einen hinwegsegeln und die „Pit-Pit"-Blüten im Abendlicht silbern glänzen – das sind großartige Augenblicke, für die ich bereitwillig den Komfort weniger anstrengender Unternehmungen opfere.

Im Süden sind die Sümpfe des Purari-Deltas ein verhältnismäßig angenehmer Aufenthaltsort. Erstaunlicherweise gibt es in diesem gut eine Dreiviertelmillion Hektar großen Sumpfgebiet nur wenige Moskitos. Das liegt vielleicht daran, daß ein großer Teil des Purari-Wassers sich in ständiger Bewegung befindet, weil das Gefälle zum Meer hin stärker ist als bei Ramu und Sepik. Nachdem der Purari mit etwa 15 Stundenkilometern in Mäandern durch die Alluvialebene geströmt ist, teilt er sich in Hunderte von Wasserläufen. Zusammen mit den Flüssen Kikori und Era bildet er ein riesiges Delta mit Schlickinseln, dichten Sumpfwäldern, Salbeisümpfen und Nipapalmensümpfen. Hier existiert ein empfindliches Gleichgewicht zwischen dem Süßwasser aus dem Gebirge und dem Meerwasser, die sich vermischen, und der unterschiedliche Salzgehalt fördert das Wachstum verschiedenster Pflanzentypen mit der jeweils dazugehörigen Fauna.

Der größte Teil des Purari-Deltas ist eine Wildnis, denn nur die Randgebiete sind von Eingeborenen besiedelt oder von Europäern besucht worden. In den Tiefen der Sümpfe blühen herrliche Orchideen, die jeden Botaniker entzücken würden. Farbenprächtige Vögel und Schmetterlinge bilden ein buntes Kaleidoskop vor dem düsteren grau-grünen Hintergrund des Sumpfes. Das Innere ist teilweise für Menschen nicht zugänglich. Die Wasserläufe sind dicht mit Palmen gesäumt, die auf glitschigem Schlamm wachsen: tiefer, schwarzer, zäher Schlick, der mit Krabbenhöhlen durchsetzt ist. In dem trüben Wasser leben Schlangen, Sägefische und Krokodile. Das Sumpfland hütet seine Kostbarkeiten gut.

Ich bin schon oft in den Purari-Sümpfen gewesen. Meistens fahre ich mit dem Motorboot in einen der schmalen Wasserläufe, stelle den Motor ab und lasse das Boot mit der Flut treiben oder paddele es sachte, weil ich hoffe, einige der Sumpfbewohner zu sehen: eine krabbenfressende Beutelratte, einen schönen Smaragdpython oder vielleicht einen himmelblauen Schatten, der ein vorbeifliegender Eisvogel ist.

Ich kann mich noch lebhaft an die Pflanzen und Tiere erinnern, die ich auf einer meiner Fahrten gesehen habe. Damals trieben wir unfreiwillig, weil der Außenbordmotor streikte. Während der Steuermann am Motor arbeitete, glitten wir einen gewundenen Wasserlauf hinunter. Aus der Ferne schienen die Schlammbänke mit winzigen roten und gelben Flaggen besetzt zu sein. Als wir näher herankamen, identifizierte ich sie als Kolonien rötlichbrauner Winkerkrabben, deren Männchen die für diese Krabbenart charakteristischen

Savanne und Sumpfland /143

Eine sumpfige Lagune am Fuß des Little Mount Lawes ist ein Überrest der gewaltigen Fluten, die die Savanne während der Regenzeit überschwemmen.

farbigen Scheren bewegten. Eine Schere ist wesentlich größer als die andere und wird drohend auf und ab bewegt, während die Krabbe seitwärts kriecht und dabei gleichzeitig den Schlick nach Nahrung durchsiebt. Zwischen den Krabben hüpften Schlammspringer herum – diese merkwürdigen Fische mit hoch auf dem Kopf sitzenden, sehr beweglichen Augen und der Fähigkeit, amphibisch zu leben. Ihre Kiemenöffnungen sind klein, so daß die Fische in den Atemkammern Wasser speichern können, um die Kiemen mit genügend sauerstoffreichem Wasser feuchtzuhalten. Ich sah einige von ihnen, die auf einer Schlammbank ruhten und noch die Schwänze im Wasser hatten, während andere sich auf Palmblätter hochgezogen hatten und dort ein Sonnenbad nahmen, bevor sie in den Sumpf zurücksprangen.

An einzelnen Stellen spendeten die überhängenden Äste von Waldbäumen etwas Schatten; sie waren mit Farnen und teilweise voll aufgeblühten Orchideen bewachsen. Ich identifizierte *Bulbophyllum grandiflorum* mit dottergelben Einzelblüten und *Dendrobium smilliae* mit dem an eine Flaschenbürste erinnernden Blütenstand, in dem jede Blüte einen runden, glänzend grünen Kern hat – daher der volkstümliche Name „Geleebohnen-Orchidee".

Geradeaus vor uns sah ich etwas Großes auf einem Ast liegen; als wir näher herankamen, erkannte ich einen gut dreieinhalb Meter langen Bindenwaran. Dieser große Waran hat Ähnlichkeit mit dem indonesischen Komodo-Waran, wirkt aber nicht so massig, weil der größte Teil seiner Körperlänge auf den peitschenartigen Schwanz entfällt.

Dieses Reptil liegt gern auf Ästen ausgestreckt. Es sucht den Waldboden ab, nimmt die Witterung möglicher Beutetiere mit seiner empfindlichen Zungenspitze auf und klettert dann auf einen Baum über einem Wildwechsel. Dort liegt es im Hinterhalt. Sobald ein Laufvogel, eine Ratte, ein Bandikut, ein Wallaby oder eine Echse vorbeikommt, ist der Waran bereit, sich auf seine Beute fallen zu lassen. Jagt er im Grasland, hebt er zuweilen den Kopf und stellt sich sogar auf die Hinterbeine, um sich umzusehen, bevor er unter Baumstämmen und in Grasbüscheln nach Nahrung sucht. Wird er in die Enge getrieben, faucht und zischt er wütend und verwandelt sich in einen gefährlichen Gegner mit peitschendem Schwanz, riesigen Krallen und spitzen Zähnen. Im allgemeinen ist er jedoch viel friedlicher als die Agamen, seine etwas kleineren Verwandten.

Der Waran sah uns und hob den Kopf. Er wollte ans Ufer zurücklaufen, rutschte in seiner Eile jedoch von dem Ast ab, klatschte laut ins Wasser und schwamm zu einigen Nipapalmen hinüber, wo er Deckung fand. Dieser Lärm scheuchte einen ganzen Schwarm Arakakadus auf, die in den Baumwipfeln gefressen hatten. Obwohl sie größtenteils durch Blätter verdeckt waren, zeigte ihr lautes Kreischen, wo sie saßen. Als ich durch die Lücken im Kronendach sah, erkannte ich die dunklen Umrisse eines Arakakadus, eines clownesk wirkenden Vogels mit riesigem Schnabel, nackten, leuchtend roten Backen und einem Schopf aus dünnen schwarzen Federn. Er saß mitten in einer jungen

Betelnußpalme und reckte den Kopf hoch, um mich zu betrachten. Sein Schopf, der wie eine Miniaturpalme auseinanderfiel und die Palmwedel zu imitieren schien, machte ihn zu einem komischen Anblick.

Die Kakadus flogen davon, und der Lärm klang ab. Ich beobachtete eine Zeitlang die Krabben und Schlammspringer, bis ich von einem Schwarm Schützenfische abgelenkt wurde. Dieser Fisch hat einen gedrungenen Körperbau und wird bis zu 30 Zentimeter groß. Maul und Rachenraum sind bei ihm so gebaut, daß er die Kiemen verschließen und den Untergaumen anheben kann, um einen Wasserstrahl durch eine Rille im Obergaumen und eine Öffnung im geschlossenen Maul zu schießen – drei bis dreieinhalb Meter weit. Der Schützenfisch treibt mit dem Schwanz nach unten im Wasser, so daß sein Körper unsichtbar und seine Lippen über dem Wasserspiegel sind. Mit seinen großen, sehr beweglichen Augen sucht er überhängende Äste nach Beutetieren ab, schwimmt dann in Schußposition und zielt mit dem Körper auf das Opfer. Der Fisch verspritzt seinen Wasserstrahl am liebsten senkrecht; muß er schräg zielen, leidet die Treffgenauigkeit. Außerdem ist es besser, direkt unter der Beute zu stehen, weil dann die Gefahr geringer ist, daß ein Rivale das fallende Insekt aufschnappt. Um kleinere Zielfehler auszugleichen, breitet sich der Wasserstrahl aus und deckt das Zielgebiet wie eine Schrotladung ab; der Schützenfisch kann ein Insekt mit etwa einem halben Dutzend rasch aufeinanderfolgender Schüsse eindecken, so daß seine Beute nur selten entkommt.

Wir erreichten schließlich einen breiteren Abschnitt des Kanals, und mein Steuermann brachte den Motor wieder in Gang. Als wir uns anschickten, die verlorene Zeit aufzuholen, sah ich mich noch einmal um. Über uns segelte lautlos eine Flötenweihe hinweg. An dieser Stelle des Kanals hatte ich eine prächtige Sicht: In der einen Richtung konnte ich bis zum Meer und in der anderen bis zu dem im Dunst verschwimmenden Gebirge blicken. Es ist das riesige Rückgrat dieses Landes und der Ursprung seiner vielen Wasserläufe, die zuerst reißende Wildbäche sind, um dann in den Ebenen zu träge strömenden Flüssen zu werden, die diese weiten, wilden Sumpfgebiete bilden, bevor sie ins Meer münden.

Die Reise ins Märchenland

Am 9. April 1872 schrieb Luigi D'Albertis, ein italienischer Forscher, in sein Tagebuch: „Ein denkwürdiger Tag! Ich bin endlich in dem geheimnisvollen Land. Als ich heute morgen endlich ans Ufer springen konnte, habe ich ausgerufen: ‚Wir sind in Neuguinea!'"

Die Portugiesen kannten die Insel seit 1562, und ihre Küsten waren bereits von mehreren Expeditionen besucht worden. Aber D'Albertis war der erste Europäer, der eine größere Strecke weit in ihr furchterregendes Inneres vordrang. Er interessierte sich für Botanik, Zoologie und Anthropologie und war außerdem ein hervorragender Schütze – damals geradezu eine notwendige und anerkannte Voraussetzung für einen Naturforscher, als man noch nicht das Aussterben ganzer Arten befürchten mußte. Da Expeditionen normalerweise keine lebenden Tiere mitnehmen konnten, mußten diese erlegt und an Ort und Stelle enthäutet und ausgestopft werden.

Nachdem D'Albertis im April 1872 die Nordwestspitze Neuguineas erreicht hatte, marschierte er etwa 30 Kilometer weit landeinwärts. Aber er mußte die Expedition wegen seines schlechten Gesundheitszustandes abbrechen und nach Australien ausweichen. Erst im Frühjahr 1875 hatte er sich soweit erholt, daß er nach Neuguinea zurückkehren konnte. Diesmal steuerte er Yule Island im Golf von Papua an und machte die Insel zu seinem Stützpunkt, von dem aus er in den folgenden drei Jahren zu Exkursionen ins Landesinnere aufbrach.

Wie die meisten Forscher im 19. Jahrhundert verschenkte D'Albertis Spiegel, Glasperlen und ähnliches, um die Eingeborenen für sich zu gewinnen. Andere Überraschungen – wie Küsse für die Eingeborenen – waren origineller.

Mit der *Neva*, einer neun Tonnen großen Dampfbarkasse, die ihm die Regierung von New South Wales zur Verfügung gestellt hatte, befuhr D'Albertis als erster die gesamte schiffbare Länge des Fly River, eine Strecke von 930 Kilometern. Er benannte einen Zufluß Alice nach der Frau des Gouverneurs von New South Wales und gab den Victor Emanuel Mountains den Namen des italienischen Königs. Aber die Eingeborenen des Gebiets am Fly River waren sehr feindselig, und die *Neva* wurde von ihnen mit Pfeilen beschossen.

1878 kehrte D'Albertis nach Italien zurück, wo seine einzigartige Sammlung von Spezimina aus Neuguinea ihm allgemeine Anerkennung einbrachte. Auch sein Tagebuch, in dem seine Abenteuer und wissenschaftlichen Beobachtungen festgehalten waren, wurde auf Italienisch und Englisch veröffentlicht; gekürzte Auszüge daraus folgen auf den nächsten Seiten, zusammen mit den von einem unbekannten Künstler stammenden Illustrationen des Originals. Das Tagebuch wurde ein Bestseller, aber D'Albertis machte sich nichts aus seiner Popularität, sondern zog die Einsamkeit der Pontinischen Sümpfe vor. Dort ließ er sich ein Papuahaus nachbauen, das ihn an das ferne Märchenland erinnerte.

DIE FAHRT DEN FLY RIVER HINAUF

D'Albertis in Neuguinea

LUIGI D'ALBERTIS

Es war mir ein wahres Vergnügen, ein wenig auf festem Land auf und ab zu gehen, nachdem ich so viele Tage auf See verbracht hatte, und ein um so größeres, weil das Land Papua – das Land meiner Träume – war. Ich streifte endlich durch einen Urwald, durch ein freies Land, das bisher noch keinen Herrn hatte.

Ich war so erfreut darüber, mich in einem Urwald zu befinden, daß ich überall umherlaufen wollte. Aber ich mußte für meinen ungestümen Wunsch und meine Unerfahrenheit büßen; bald zerstach ein Dorn meine Kleidung und riß mir die Haut auf; bald brachte eine über meinen Weg hängende Liane mich mit dem Gewehr in der Hand zu Fall, so daß ich mir Hände und Knie aufschürfte und wegen der Waffe in Lebensgefahr kam; dann klebte mir wieder ein Spinnennetz, dessen heimtückische Fäden weit ausgespannt waren, an Gesicht und Bart, während die Spinnen mir auf Hände, Nacken und Gesicht fielen, was ein ganz besonders unbehagliches Gefühl hervorrief.

Nach einem Streifzug von mehreren Stunden Dauer mußte ich zugeben, daß ein Urwald im Gegensatz zu meinen Träumen nicht das Paradies auf Erden ist.

Ein Haus auf Pfählen

Das Haus, in dem ich mich im Augenblick befinde, liegt 1100 Meter über dem Meeresspiegel an einem Berghang. Das Haus ist einigermaßen geräumig und steht auf Pfählen hoch über dem Erdboden. Nach dem Abendessen ging ich hinaus, erstieg einen kleinen Hügel hinter dem Haus und schoß mehrere Vögel; darunter auch einen, den ich für einen jungen Strahlenparadiesvogel hielt, einen der schönsten bisher bekannten Paradiesvögel, von dem jedoch mit Ausnahme sehr stark beschädigter, von Eingeborenen präparierter Bälge noch kein Exemplar nach Europa gelangt ist. Dies war ein weiterer Beweis dafür, daß wir ins Land der seltenen Paradiesvögel gekommen sind, und da

HARPYOPSIS MIT BEUTE

ich nun einmal hier bin, gedenke ich auch hierzubleiben!

Stammesfehden

Ich habe etwas Wichtiges niederzuschreiben. Der Häuptling dieses Dorfes hat mir erklärt, sein Stamm führe gegen einen anderen Krieg, und ich sei in Gefahr, umgebracht zu werden, wenn ich noch länger hierbliebe. Mir bleiben also nur noch fünf Tage in einem Land, wo jeder Schuß ein Exemplar einer neuen Vogelart trifft und wo mir jedes Insekt, das ich aufhebe, ebenfalls neu ist. Worte genügen nicht, um zu schildern, wie bitterlich gedemütigt ich mich fühle, daß ich der Gewalt weichen muß. Aber was könnte ich denn hier tun, ganz auf mich allein gestellt?

Morgens setzte ich von Yule Island zum Festland über und brachte mit meinem ersten Schuß ein Känguruh zur Strecke. Als ich an einem kleinen Bach vorbeikam, schoß ich zwei Enten und erlegte mit dem dritten Schuß einen prächtigen Habicht, der auf einem Baumstamm hockte und das Fleisch eines kleinen Känguruhs verschlang. Dieser prachtvolle Vogel gehört einer neuentdeckten Art der Gattung *Harpyopsis* an und hat Ähnlichkeit mit einer in Südamerika anzutreffenden Art. Aber ich erkannte seine Seltenheit nicht gleich und fragte die Eingeborenen ständig, warum keine Paradiesvögel erschienen.

Zaubersprüche

Meine Diener nahmen schließlich zu einer Beschwörung Zuflucht. Sie blieben alle drei stehen, bildeten gewissermaßen ein Dreieck, brachen einige kleine Zweige ab, begannen, Zeichen zu machen und Zauberformeln zu murmeln und riefen die Namen mehrerer Tierarten – darunter auch Paradiesvögel. Ein seltsamer Zufall wollte es, daß wir keine zehn Minuten später zu einem Baum kamen, auf dem ich drei ausgewachsene Paradiesvögel sah, von denen ich die beiden schönsten erlegte.

Eine prächtige Kuskus-Art

Die Eingeborenen sind nicht nur leise, sondern arbeiten auch für mich und bringen mir viele mit Pfeilen erlegte Vögel. Sie haben mir außerdem einige Säugetiere und Frösche gebracht. Von den Säugetieren möchte ich eine prächtige neue Kuskus-Art (den Federschwänzigen Phalanger) erwähnen, den die Eingeborenen wegen seines Fleisches sehr schätzen. Aus seiner Schwanzspitze werden Ohrringe gemacht.

In Begleitung einiger Führer erreichte ich ein abgelegenes Dorf auf einem Hügel, wo mir das größte Haus zur Verfügung gestellt wurde. In der Abenddämmerung kamen mehrere andere Männer und Frauen ins Dorf zurück; sie hatten Waldwallabys gejagt und 20 davon erlegt. Zur Jagd auf dieses Tier benutzten sie lange Netze, mit denen sie seine Schlupfwinkel umstellen, und wenn es sich in den Netzen verfangen hat, wird es mit Knüppeln erschlagen.

FEDERSCHWÄNZIGER PHALANGER

BUSCHKÄNGURUH

Der Dorfhäuptling heißt Aira, und ich wurde gegen Abend eiligst in sein Haus gerufen, wo ich ihn mit einem Speer in der Hand antraf. Eine große Schlange kroch langsam über den Boden, und Aira machte beschwörende Handbewegungen.

Meine Führer, die nicht wußten, daß die Schlange zahm war und Aira gehörte, versuchten sie zu töten, bevor ich sie daran hindern konnte, aber zum Glück konnte das Reptil entkommen. Aira schäumte vor Wut und machte seinem Zorn dadurch Luft, daß er mit seinem Speer nach einer alten Kokosnuß stieß, die vor seinen Füßen lag. In diesem Augenblick glich er einem schrecklichen und wutentbrannten Zauberer. Meine eingeborenen Begleiter waren recht bestürzt, und als die Nacht herabsank, drängten sie sich in einer Ecke zusammen und machten den Eindruck, als ob sie einen Plan aushecken und sich gemeinsam gegen mich oder Aira verschwören wollten.

Mir war klar, daß ich nun handeln mußte, und ich verstreute eine große Handvoll Schießpulver auf dem Erdboden. Einer der Eingeborenen, den ich ins Vertrauen gezogen hatte, setzte es in Brand, ohne daß jemand merkte, was er tat. Der helle Lichtblitz und der erstickende Pulverqualm hatten gemeinsam eine gewaltige Wirkung und versetzten die Eingeborenen in den von mir erwarteten Schrecken.

Als die Ruhe wieder hergestellt zu sein schien, begab ich mich in Airas Haus und besänftigte seinen Zorn, der sich bereits ziemlich gelegt hatte. Jetzt ist alles still, aber ich halte es für wenig ratsam, ohne meinen Revolver an meiner Seite zu schlafen.

Als ich vom Festland auf Yule Island zurückkehrte, brachte mir ein Diener

NEUGUINEA VON YULE ISLAND AUS

EIN PAPUADORF

die Nachricht, die Eingeborenen hätten nachts in das Haus eingebrochen und alles fortgeschleppt, was sie tragen konnten. Glücklicherweise hatte ich einige Gewehre, Patronen und Dynamit versteckt. Ich erklärte den Eingeborenen, daß ich auf jeden, der in Reichweite meiner Waffen käme, schießen würde, wenn ich mein Eigentum nicht innerhalb von 24 Stunden zurückerhielte. Unterdessen hatte ich alle meine Gewehre durchgesehen, sie mit Orsini-Patronen geladen und die zum Haus führenden Wege vermint, so daß ich sie mit einem Sturmzündholz hätte sprengen können, ohne hinauszugehen oder meine Deckung verlassen zu müssen.

Dann nahm ich einen Blechkasten, steckte ihn voller Dynamit, schloß ihn fest und zündete die Ladung. Die nun folgende Detonation klang wie Kanonenfeuer, und die Echos hallten mehrere Sekunden lang wider. Danach brannte ich Raketen in Richtung der Eingeborenenhäuser ab. Bei Tagesanbruch kamen sechs Dorfbewohner den Weg herauf und brachten einige der gestohlenen Gegenstände zurück. Sie zitterten wie halb ersäufte Ratten und sagten, alle Frauen seien voller Angst von der Insel geflohen.

Obwohl die Frauen schwer arbeiten müssen, werden sie geachtet und verfügen in manchen Dörfern über viel Autorität und Macht. Ich neige zu der Annahme, daß eine aus Frauen bestehende Gemeinschaft nie von einem anderen Stamm angegriffen werden würde. In Neuguinea wirken Frauen kurz gesagt wie ein Friedensbanner.

Ein Liederabend

Die Eingeborenen, die die Belohnung lockt, die ich für Tiere zahle, sind um meinetwillen alle zu Sammlern geworden, und ich habe heute etliche Reptilien zurückweisen müssen, weil mein Weingeistvorrat erschöpft ist und ich keine andere Möglichkeit zu ihrer Konservierung habe.

Die Frauen sind meine großen Freundinnen. Sie waren sehr über meine Petroleumlampe erstaunt, und ich habe ihnen gezeigt, wie sie Lampenlicht mit ausgelassenem Tierfett leicht selbst erzeugen können.

Um sie bei guter Laune zu halten und ihnen Vergnügen zu bereiten, habe ich ihnen abends einige italienische Opernarien vorgesungen und dadurch das ganze Dorf vor meinem Haus versammelt. Mein Erfolg war gewaltig. Ich bekam Applaus und mußte einige der Stücke, die ihnen am besten gefielen, wiederholen. Ich gestehe jedoch, daß ich in keinem anderen Land als in Neuguinea zu singen wagen würde.

Ordnung und Sauberkeit

Die Eingeborenen leben in Gemeinschaften, manchmal mit über 1000 Einwohnern, in gut angelegten Dörfern, die wegen der dort herrschenden Ordnung und Sauberkeit eher verdienten, als Kleinstädte bezeichnet zu werden. Die Häuser werden auf Pfählen errichtet, die aus großen Baumstämmen bestehen und etwa sechs Fuß hoch über den Erd-

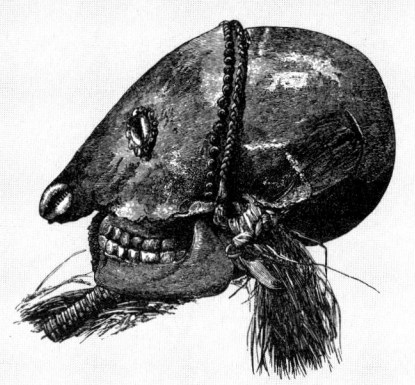

„MUSIKALISCHER" SCHÄDEL

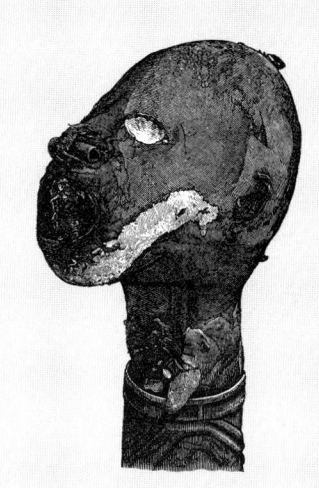

EINBALSAMIERTER KOPF

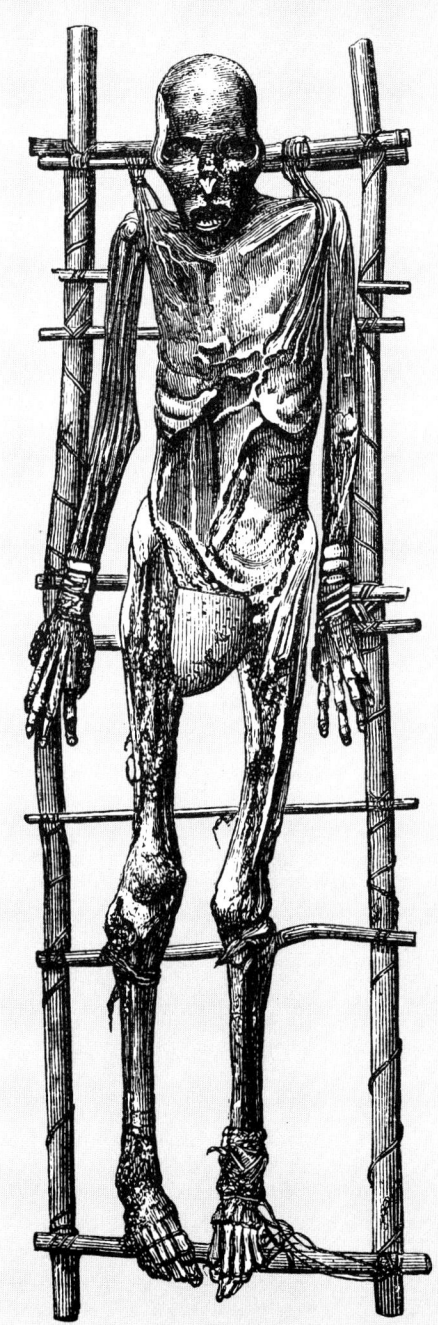

DIE MUMIE AUF DARNLEY ISLAND

boden aufragen. Manche dieser Baumstämme sind mit rohen Schnitzereien verziert. Die Häuser sind geräumig und haben ein sehr hohes, steiles Dach, das wie ein umgedrehter Bootsrumpf aussieht und den Häusern ihr charakteristisches Aussehen gibt.

Mumifizierung der Toten

Ich war sehr zufrieden, daß ich auf Darnley Island landen konnte. Vom Meer aus bietet die Insel einen entzückenden Anblick mit ihren leuchtend grün bewachsenen Gipfeln und ihren Tälern, in denen die schöne Kokospalme und Bambus gedeihen.

Die Eingeborenen gehen nicht nackt, sondern sind leicht mit Blättern und Gras bekleidet. Sie scheinen ihre Toten zu verehren und konservieren sie durch Einbalsamierung und Austrocknung. Ich sah den so erhaltenen Leichnam des Mannes einer der hübschesten Frauen, der seit über einem Jahr tot war. Er hielt noch immer das Schlafgemach besetzt und stand an eine Art senkrechte Leiter gebunden mitten im Haus.

Nicht weniger bemerkenswert waren 14 Totenschädel, die ich in einem Dorf am Fly River entdeckte. Sie waren mit einer Halbmaske bedeckt, die ein Gesicht darstellte und aus einem harzigen Wachs zu bestehen schien, das mit Samenkörnern und Muscheln verziert war. Die Nasenlöcher und Augen bestanden aus Muscheln. Ihrer ganzen Erscheinung und einigen kleinen Steinen und Glasperlen nach zu urteilen, müssen diese Schädel als Musikinstrumente oder – besser gesagt – Lärmerzeuger verwendet werden.

Eine weitere Kuriosität war der einbalsamierte Schädel eines Mannes, von dem nur die Haut übrig war, aus der die Schädelknochen durch einen langen Schnitt am Hinterkopf entfernt worden waren. Danach war die Haut ausgestopft worden, um die natürliche Schädelform wiederherzustellen. Dieser Kopf hat aber den Fehler, zu sehr ausgestopft zu sein, und wirkt gleichermaßen schrecklich und lächerlich.

Barbarentum

Ich kann das Barbarentum dieser Menschen nur bedauern. In einem Dorf, dessen Bewohner bei unserer Ankunft flüchteten, fanden wir eine alte Frau mit eingeschlagenem Schädel. Meine Männer berichteten mir, weil sie blind gewesen sei und im Sterben gelegen habe, hätten ihre eigenen Angehörigen sie auf diese Weise getötet, um zu verhindern, daß sie lebendig in unsere Hände fiel.

Aber sind sie wirklich vollständige Barbaren? Als in einem der Nachbarhäuser einst ein Junge starb, war das Wehklagen der Eltern herzzerreißend. Vor dem Haus wurde ein etwa einen Meter tiefes Grab ausgehoben, in das die sterblichen Überreste des Kindes gebettet wurden. Sobald das Grab zugeschaufelt war, warfen die arme Mutter und wenig später auch der Vater sich darauf und blieben die ganze Nacht und den nächsten Tag hindurch liegen.

Heute ist die italienische Flagge gemeinsam mit der Flagge von New South Wales am Fly River gehißt worden. Während ich die Flaggen betrachtete, dachte ich an diese beiden Länder. Ich bin ein Sohn des ersten und liebe das zweite wie ein zweites Vaterland. Als ich die beiden gemeinsam gehißten Flaggen sah, erschienen sie mir wie zwei Schwestern, und ich wünschte mir von ganzem Herzen, daß die Nationen, die sie repräsentieren, sich Brüder nennen sollten.

Unentdeckte Schätze

Ich verstehe nicht, warum die Eingeborenen uns angreifen. Die *Neva,* unsere Barkasse, steuert einen weiten Bogen um ihre Dörfer. Ich wäre freundlich, nicht nur aus humanen, sondern auch aus eigennützigen Motiven, denn ich weiß aus Erfahrung, wie nützlich die Eingeborenen einem Naturforscher bei der Zusammenstellung seiner Sammlungen sein können. Wie viele Schätze, die jetzt für Jahre unentdeckt bleiben werden, hätten mir diese Leute bringen können! Wie günstig wäre es, wenn die Eingeborenen begreifen würden, wie viele Vorteile sie aus der Bekanntschaft mit uns ziehen könnten! Aber nein, sie kommen mit der bedauerlichen Absicht, uns zu töten.

Vorboten des Blutvergießens

Das Morgengrauen kam langsam, der Sonne fehlte die Kraft, die dunklen Schleier der Nacht zu zerstreuen. Schließlich brach der Tag an, aber die runde, strahlenlose Sonne zeigte sich durch den Nebel, den sie nicht auflösen konnte, als scharlachrote Scheibe. Nach und nach erschienen Land und Urwald, aber über allem lag weiterhin ein undurchdringlicher Nebel.

Während wir naß und zitternd darauf warteten, aufbrechen zu können, kreisten fünf große Habichte bald nah, bald fern wie Nachtgespenster durch die Luft über unseren Köpfen. Ich sagte: „Diese Habichte sind Vorboten eines Blutvergießens; sie haben bereits Leichengeruch gewittert."

Nachdem wir im Nebel etwa fünf Meilen weit gedampft waren, rief der Ausguck: „Kanus voraus!" Ich sah hin und erkannte etwa 70 Männer in ihren Kanus; sie waren mit Pfeilen und Bogen bewaffnet, machten teuflischen Lärm, griffen uns an und versuchten, uns den Weg zu versperren. Wir fuhren so schnell wie möglich zum linken Ufer hinüber und versuchten weiterzufahren, ohne zu verwunden oder verwundet zu werden, aber sobald sie in Pfeilschußweite kamen, begannen sie, auf die *Neva* ihre Pfeile abzuschießen.

Nur ein Kanu, das mit einem einzelnen Mann besetzt war, kam in die Reichweite unserer Gewehre. Er legte sein Paddel aus der Hand und griff nach seinem Bogen; der Pfeil ging über meinen Kopf hinweg. Nach drei Gewehrschüssen stürzte er in den Fluß und versank. Ich muß sagen, daß die Eingeborenen Mut gezeigt haben.

Die Genien erscheinen

Wir haben Sturm, Blitz, Donner und die reinste Sintflut erlebt. Während wir wieder zu ankern versuchten, flogen zwei Paradiesvögel langsam über den Fluß, und tagsüber saßen viele weitere in den nächsten Bäumen; aber wir waren zu müde und erschöpft, um überhaupt auf sie zu achten.

Ich höre ihren Ruf fast täglich, und er hat mich stets fasziniert. Aber jetzt, da ich der Wildnis Lebewohl sage, klingt er in meinen Ohren süßer denn je. Er scheint mich zum Bleiben aufzufordern. Die Vögel sind wie *Genii loci,* die mir zurufen: Verlaß uns nicht!

DIE NEVA WIRD ANGEGRIFFEN

6/ Vulkane im Meer

Die Insel spuckte zu unserem höchsten Erstaunen die ganze Nacht Feuer und Rauch, und bei jedem Ausbruch hörten wir ein schreckliches Getöse wie Donner und sahen danach einen Feuerstrahl, wie ich noch keinen so schrecklichen gesehen hatte.

WILLIAM DAMPIER / *A VOYAGE TO NEW HOLLAND IN THE YEAR 1699*

An der Nordspitze von Neubritannien, der größten Insel vor Neuguinea, befindet sich eine halbkreisförmige Bucht, die an ein mit Wasser gefülltes Amphitheater erinnert. Sie heißt Blanche Bay, und an ihr liegt Rabaul, die frühere Hauptstadt des Mandatsgebietes Neuguinea. In der Bucht lag früher eine Insel, der die deutsche Verwaltung auf Neubritannien vor dem Ersten Weltkrieg den Namen Vulkan gegeben hatte. Zu Beginn des Jahres 1937 war Vulkan, heute Vulcan, eine niedrige, birnenförmige Insel mit einem seichten Krater von 100 bis 200 Meter Durchmesser.

Am 28. Mai 1937, einem Freitag, spürten die Einwohner von Rabaul eine Reihe schwacher Erdstöße, die im Lauf des Tages stärker wurden. Auf den Neuguinea vorgelagerten Inseln sind Erdbeben häufig, und da die Erdstöße gegen Abend aufhörten, gingen die Vorbereitungen für ein spezielles „Sing-sing", ein für den nächsten Tag geplantes farbenprächtiges Tanzfest, weiter. Die Insel Vulcan lag ruhig in der Blanche Bay, wie sie es seit Jahrzehnten getan hatte, und auf der gegenüberliegenden Seite der Bucht stieg die jedem Einwohner vertraute dünne Dampfwolke des nicht mehr tätigen Vulkans Matupit in den Abendhimmel auf.

Am nächsten Morgen kochte das Meer in der Umgebung von Vulcan, und ganze Schwärme toter Fische trieben an der Oberfläche. Menschen strömten in Rabaul zusammen, um an dem Tanzfest teilzunehmen, und nachmittags beobachteten viele Hunderte das Schauspiel der kochenden See von den Hügeln der näheren Umgebung aus. Die Vulkantätigkeit erreichte ihren Höhepunkt: Vulcan erzitterte, explodierte dann mit gewaltigem Dröhnen und stieß eine Säule aus Rauch, Felsbrocken und Asche aus, die wie ein Atompilz Tausende von Metern hoch aufstieg. Mit Bimssteinbrocken vermischte Asche fiel auf Rabaul, drückte die Bäume auf den Straßen nieder, bedeckte die Gärten und regnete auf die Schiffe im Hafen. Vulcan hatte sich wahrhaftig als Vulkan erwiesen. Durch die ausgestoßenen Asche- und Gesteinsmengen wuchs der neue Vulkan weiter, wobei er zwischendurch mit lautem Donnergrollen explodierte, das von den Hügeln widerhallte.

Am frühen Nachmittag des 30. Mai, einem Sonntag, brach der bisher nicht aktive Vulkan Matupit, der Rabaul in der Bucht gegenüberliegt, ohne Warnung aus. Den ganzen Tag lang schickten der alte und der neue Vulkan rote Säulen aus heißer Asche und Rauch hoch in die Luft. Blanche Bay wurde ein Bimssteinmeer. Bei Einbruch der Dunkelheit tobte in diesem Gebiet in Gewitter, das wahrscheinlich durch die Hitze der Eruptionen ausgelöst worden war. Ein Blitz nach dem anderen zuckte über der Bucht nieder und machte die Szene noch schrecklicher.

Am vierten Tag hatte sich die flache Insel Vulcan in einen über 200 Meter hohen Kegel verwandelt, aus dessen Krater ständig Dampf strömte. Während des Ausbruchs waren zwei nordwestlich von Vulcan gelegene Küstendörfer unter der Asche begraben worden. 507 Menschen hatten den Tod gefunden. In Rabaul begannen die Einwohner damit, die Asche wegzuräumen, die stellenweise bis zu 15 Zentimeter hoch lag. Die beiden Vulkane beruhigten sich allmählich, bis sie nur noch dampfende Kessel waren, wie es Matupit früher gewesen war. Als ich vor kurzem über Blanche Bay flog, habe ich den untätigen Kegel des Matupit betrachtet und zu Vulcan hinübergesehen, das jetzt keine Insel mehr ist, sondern zur Küste gehört. Ich konnte kaum glauben, daß dieser dicht bewaldete Vulkan erst vor kurzer Zeit entstanden ist.

Aber Vulcan ist nur einer von Hunderten von Vulkanen, die in den letzten Millionen Jahren rund um Neuguinea aus dem Meer emporgestiegen sind. In den Küstengewässern sind zahlreiche kleine Inseln verstreut, von denen die meisten halb überflutete Vulkangipfel sind. Manche weisen einen aktiven Kegel auf, der von zwei oder drei untätigen Kegeln umgeben ist. Andere sind nur die ausgeblasenen Schalen längst erloschener Vulkane. Wieder andere sind im Meer versunken, wo sie entweder ganz verschwunden oder nur noch an den aufragenden Korallenriffen zu erkennen sind.

Trotzdem ist Vulcan besonders interessant, weil sein jüngster Ausbruch zeigt, wie schnell durch Vulkantätigkeit neues Land entstehen kann, und auf eines der aktivsten Zentren geologischer Veränderungen in Papua-Neuguinea hinweist. Vulcan ist nur der jüngste einer langen Reihe von Vulkanen, die in diesem Gebiet entstanden sind. Blanche Bay ist selbst der Überrest eines gigantischen Vulkankraters, an dessen Rand wieder jüngere Vulkane entstanden sind, darunter auch mehrere inzwischen erloschene Kegel und die noch aktiven Vulkane Matupit und Vulcan.

Diese Ansammlung von Vulkanen hat gute Gründe. Blanche Bay liegt am Schnittpunkt zweier großer Meeresgräben, von denen einer dicht vor der Südküste von Neubritannien verläuft, während der andere sich parallel zur Westküste von Bougainville und zwischen den Salomoninseln hinzieht. Diese Gräben sind verräterische Kennzeichen einer geologischen Katastrophe, denn sie bezeichnen die zerstörerischen Schollenränder, an denen ein Stück der Erdkruste unter ein anderes rutscht oder gedrückt wird. Die Meeresgräben haben erheblich größere Abmessungen als die Gebirge Neuguineas. Der Neubritannien-Graben fällt bis zu einer Tiefe von über 7300 Meter unter dem Meeresspiegel ab.

Hier, entlang diesen Gräben, brechen die Ränder des Meeresbodens im Pazifik auf. Jeder Graben verkörpert nur den Anfang einer Umwälzung, die damit enden wird, daß eine nach unten gedrückte Scholle im Erdmantel verschwindet. Im Laufe vieler Jahrtausende wird diese Erdscholle 80 oder 100 Kilometer hinabgedrückt werden, bis sie zu schmelzen und sich mit dem heißen Material des Erdmantels zu vermengen beginnt. Dieser gewaltige geologische Prozeß löst schwere Erdbeben und häufige Vulkanausbrüche aus.

Im Westpazifik und in Indonesien sind mehr Menschen durch Vulkantätigkeit umgekommen als in jedem anderen Gebiet der Erde. Im Jahre 1883 forderte allein der Krakatau-Ausbruch in Indonesien 35 000 Tote. Einer der Gründe für solch hohe Verluste an Menschenleben ist die Tatsache, daß das Magma von Inselbögen – wie dem von Neubritannien und den Salomoninseln gebildeten – nicht wie auf Island oder Hawaii aus Basalt, sondern aus Andesit besteht. Das Basaltmagma ist dünnflüssig; die darin eingeschlossenen Gase können leicht austreten, lassen „Feuerfontänen" sprühen und fordern relativ wenige Todesopfer. Andesit ist jedoch zähflüssiger. Das in Andesitmagma eingeschlossene Gas kann sich nur durch heftige Explosionen einen Weg ins Freie bahnen.

Der Vulcan-Ausbruch war eine typische Andesit-Explosion – wie der Ausbruch, der sich 1951 auf dem Festland von Papua-Neuguinea ereignete und viel verheerendere Folgen hatte. Die Eingeborenen im Northern District hatten immer schon davon gesprochen, daß ihre Vorfahren aus dem Gipfel des Mount Lamington Rauch aufsteigen gesehen hätten, aber niemand vermutete, daß der Berg ein Vulkan sei. Die Geologen sahen keinen Grund, der Sache nachzugehen, da Rauch schließlich auf jedem Berg zu beobachten ist, auf dem Feuer entzündet werden.

Als der Mount Lamington ausbrach, kam es zur schlimmsten Form vulkanischer Tätigkeit: einer *nuée ardente* oder brennenden Wolke. Dieser Effekt entsteht durch die Explosion von Gasen, die unter gewaltigem Druck in zähflüssiger, beinahe fester Magma eingeschlossen sind. Am Mount Lamington raste eine Wolke aus überhitztem Gas, Vulkanstaub und Lavasplittern mit fast 100 Stundenkilometern bergab und verbrannte über 3000 Menschen, die meisten von ihnen Einwohner von Higaturu, einer Stadt am

Vegetation hat die zerfurchten unteren Hänge des Vulkans Mount Matupit auf Neubritannien überzogen und dringt langsam zum Kraterrand vor.

Fuß des Berges. Viele weitere Hunderte erlitten schwere Verbrennungen. Es ist überraschend, daß sich eine Eruption dieser Art auf dem Festland ereignet hat, da die meisten Vulkane Neuguineas sich auf den vorgelagerten Inseln – besonders auf Neubritannien und Bougainville – zusammendrängen, wo Erdschollen unter andere gedrückt werden. In einem geologisch so komplexen Gebiet sind jedoch viele Dinge möglich. Der Ausbruch des Mount Lamington und die Existenz einiger weiterer Vulkanschlote am Nordrand der Insel deuten vielleicht darauf hin, daß entlang der Nordostküste eine neue Subduktionszone entsteht und daß sich dort ein Stück Meeresboden unter die Insel Neuguinea zu schieben beginnt – mit allen dazugehörigen geologischen Veränderungen.

Vom Alltagsstandpunkt aus gesehen ist die Tatsache wichtiger, daß der Mount Lamington so unerwartet ausgebrochen ist. Da es in Neuguinea so viele schwach dampfende Vulkane gibt, besteht immer die Möglichkeit, daß irgendein Vulkanausbruch Menschenopfer fordert. Obwohl die Vulkanologen heutzutage manchmal vorhersagen können, wann und wo sich eine Eruption ereignen wird, ist es trotzdem möglich, daß sich die Vulkane anders als vorhergesagt verhalten. Trotz aller technischen Fortschritte hat der Mensch die Vulkane noch nicht unschädlich machen können, und sie gehören weiterhin zu den wildesten Naturphänomenen.

Während ich dies niederschreibe, wird im Rundfunk erneute Vulkantätigkeit auf Karkar Island gemeldet, einer Insel, die an der Nordküste etwa 15 Kilometer vor Madang liegt. Ich bin schon auf vielen der Neuguinea vorgelagerten Inseln gewesen – auch auf einigen, die aktive Vulkane sind. Vor nicht allzu langer Zeit habe ich Karkar Island erkundet. Diese Insel besteht aus einem fast kreisförmigen riesigen Vulkan mit etwa 19 Kilometer Durchmesser, der aus dem an dieser Stelle fast 1000 Meter tiefen Meer aufsteigt. Ich fuhr in Begleitung eines australischen Herpetologen nach Karkar. Wir waren alte Freunde, und ich wollte auf der Insel Kunstgegenstände für das Museum in Port Moresby sammeln, während er Reptilien fing.

Als wir Karkar, von einem Schwarm Delphine begleitet, anliefen, sahen wir, daß die unteren Hänge des Vulkankegels mit den Gärten der Eingeborenen und mit Kokosplantagen überzogen waren. Oberhalb dieses bebauten Gebiets folgte ein Streifen dichtbewachsenen Buschlandes, das in Regenwald mit hohem Kronendach überging. Der Wald reichte bis fast zum Kraterrand hinauf, aber in Gipfelnähe klaffte eine breite Lücke, von der aus der Weg, den ein breiter Lavastrom einst zum Meer hinunter genommen hatte, deutlich zu verfolgen war. Als wir der Küste näherkamen, sahen wir die Brandung über glänzende, wildgezackte Felsen aus erstarrter Lava schäumen. Der dichte Pflanzenwuchs zeigte, wie fruchtbar die vulkanische Erde an den Berghängen war, und ließ vermuten, daß es dort auch eine reiche Fauna geben würde. Im Unterholz mußten besonders Frösche, Echsen und Schlangen genügend Verstecke finden.

Meine Erkundungen bei den Inselbewohnern dauerten nicht lange. Von der alten Eingeborenenkultur war nicht viel übriggeblieben, obwohl ich die riesigen *garumut*-Trommeln, die jedes Dorf besitzt, gezeigt bekam. Jede dieser Trommeln bestand aus einem zwei bis drei Meter langen und etwa einen Meter dicken Stück Baumstamm. An einem Ende war ein stilisierter Kopf herausgeschnitzt, der einen traditionellen Schutzgeist verkörperte. An der Oberseite des Baumstammes, der auf zwei quergelegten kleineren Stämmen ruhte, zog sich ein etwa 10 Zentimeter breiter Längsschlitz entlang. Durch diesen Schlitz war ein großer Teil des Bauminnern mit Äxten ausgehöhlt worden. Ein oder zwei schwere Stöcke dienten dazu, die Trommel über dem Schlitz oder an der Seite anzuschlagen. Das wurde mir vorgeführt, und ich bin davon überzeugt, daß das dumpfe Dröhnen mindestens zwei Kilometer weit zu hören war. Mir wurde sogar erzählt, mit einer riesigen *garumut*-Trommel am Südende der Insel könne man Signale nach Matuka auf dem Festland übermitteln – ungefähr 20 Kilometer weit.

Ich konnte mich bald meinem Freund anschließen, um ihm Reptilien und Amphibien suchen zu helfen. Wir hatten vor, die oberen Berghänge und den Vulkankrater zu erkunden, deshalb überprüften wir unsere Ausrüstung und warben einige Träger an, mit denen wir ein paar Tage in Gipfelnähe kampieren wollten, um von da aus unsere Abstecher zu machen.

Wir hatten das bebaute Land eben erst unter uns zurückgelassen, als wir bereits das erste interessante Tier entdeckten. Am Wegrand lagen einige alte Kokosnußschalen, und unter einer von ihnen kam eine seltsame Echse mit gepanzertem dreieckigen Kopf und drei gezackten Rückenkämmen hervor. Sie war nur ungefähr 15 Zentimeter lang und erinnerte an ein prähistorisches Ungeheuer in Miniatur. Mein Freund identifizierte das Tier sofort als gepanzerten Stachelschwanz-Skink und erklärte mir, daß diese unauffällig dunkelbraune Echse sich normalerweise tarnt, indem sie bewegungslos zwischen Laub und Steinen auf dem Waldboden liegenbleibt.

Etwa eine halbe Stunde später stießen wir auf ein wesentlich gefährlicheres Reptil: eine graubraune Todesotter, die in einem Spalt unter einem schwarzen Felsblock verschwand. Das Bemerkenswerte an dieser Schlange ist, daß sie nicht aktiv auf Beute Jagd macht, sondern darauf wartet, daß ihr Opfer in Reichweite gelangt. Hat die Todesotter eine frische Tierfährte entdeckt, wobei sie mit ihrer hochempfindlichen Zungenspitze den Boden abtastet, rollt sie sich zusammen und bleibt so liegen, daß ihr Schwanz dicht vor ihrem Kopf liegt. Das hat seinen guten Grund. Die Schwanzspitze der Todesotter ist cremeweiß, hebt sich von der grauen, braunen oder ockergelben Färbung des restlichen Körpers ab und sieht wie eine Made oder Raupe aus. Um diese Täuschung noch zu verstärken, bewegt die Schlange ihre Schwanzspitze. Das potentielle Beutetier – eine Maus, ein Vogel, ein Frosch oder eine Echse – läßt sich von diesem Leckerbissen zum Näherkommen verlocken und gerät damit in Reichweite der Todesotter. Einen halben Zentimeter lange Giftzähne injizieren der Beute ein starkes Nervengift, das innerhalb weniger Sekunden zum Tode führt.

Wir sammelten beim Aufstieg eine Anzahl kleiner Reptilien und Amphibien und fanden dann etwa 150 Meter unter dem Kraterrand einen Lagerplatz neben einem alten Lavastrom. Dort plätscherte ein kleiner Bach von Tümpel zu Tümpel, die sich auf der gekrümmten Oberfläche der Lava gebildet hatten, und floß etwas weiter bergabwärts unterirdisch weiter. Hier hatte der Lavastrom eine dicke Schicht alter Vulkanasche bedeckt, und als das Wasser durchgebrochen war, hatte es die Asche fortgeschwemmt, so daß kleine Höhlen entstanden waren. In einigen dieser Höhlen entdeckten wir die Nester der im ganzen Südpazifik verbreiteten Glanz-Salangane an der Unterseite des Lavastromes.

Nachdem wir unser Lager aufgeschlagen hatten, wanderten wir ein Stück weit den Weg zurück und fanden weitere Reptilien, darunter auch zwei interessante Schlangen. Die erste war die harmlose Schiefergraue Wassernatter, deren Unterseite scharfe Kanten aufweist, mit denen sie besser auf Bäume klettern kann. Die andere mußte mit gebührender Vorsicht behandelt werden. Sie war eine ungefähr einen Meter lange Giftschlange mit kleinen Augen, schwarzem Kopf und auffälliger Zeichnung aus schwarzen Querstreifen auf pfirsichrosa Untergrund. Diese Schlangenart ist auf Karkar Island häufig und wird von den Einheimischen noch mehr gefürchtet als die Todesotter.

Auf Karkar sind die höheren Berglagen gegen Mittag meistens in dichten Nebel gehüllt, deshalb standen wir am nächsten Morgen früh auf, um den Krater bei klarem Wetter zu erreichen. Wir brauchten ungefähr eineinhalb Stunden für die letzten 150 Meter bis zum Kraterrand und waren oben, bevor Nebel aufkam. Ich hatte mir den Vulkankrater als kahle, unbewachsene Fläche vorgestellt; als wir jedoch den Berggipfel erreichten, sah ich, daß dieser ganz anders war. Vor uns lag ein gewaltiger Krater mit fast zwei Kilometer Durchmesser. Seine Wände fielen beinahe senkrecht ab und waren mit Moosen und Farnen bewachsen, von denen Wasser tropfte. Der Kraterboden war eine verhältnismäßig ebene Fläche mit Gras und Buschwerk, aber an einigen Stellen zeigten sich kahle Flecke, wo unebene schwarze Lava und Bimsstein zutage traten. Die Träger erzählten uns, an diesen Stellen sei das Gestein so warm, daß man nicht lange darauf stehen könne – deshalb sei dort auch kein Pflanzenwuchs zu finden.

Ich suchte den Krater mit dem Fernglas ab. Seine Wände waren 150 bis 350 Meter hoch und schienen unüberwindbar zu sein, aber die Träger kannten zwei nach unten führende Pfade. Da sich jedoch bereits Wolken bildeten, stiegen wir nicht in den Vulkankrater ab, weil wir uns unterwegs hätten verirren können. Fast im Mittelpunkt des großen Kraters erhob sich ein zweiter, neuerer Vulkankegel – ein Kegel innerhalb eines Kegels. Dieser zweite Kegel war dicht mit mittelhohen Bäumen, Gräsern, Büschen und Moosen bewachsen und schien – soweit ich das durch die Gläser meines Feld-

Ein polynesischer Blauschwanz-Schlankskink sitzt auf Karkar Island bewegungslos und wachsam im Unterholz. Wird diese etwa 12 Zentimeter lange Echse angegriffen, wirft sie ihren Schwanz ab und entkommt, während der Angreifer von dem farbigen, sich noch bewegenden Schwanz abgelenkt wird. Im Gegensatz zu anderen Skinken, die nur als Jungtiere blaue Schwänze haben, behält ihn der polynesische Blauschwanz-Schlankskink sein Leben lang, wobei für den abgeworfenen Schwanz ein neuer nachwächst.

stechers erkennen konnte – oben ebenfalls eine Vertiefung aufzuweisen – einen eigenen kleinen Krater.

Ich stand unmittelbar am Rand des Hauptkraters und sah mich um. Weit entfernt im Nordwesten konnte ich den Inselvulkan Manam erkennen, über den ich einmal während eines Ausbruchs geflogen war. Auf Karkar Island hält sich die Legende, Karkar werde ausbrechen, falls Manam einmal aufhöre, tätig zu sein. Tatsächlich ist Manam noch immer aktiv, aber seit meinem Besuch hat es bei Karkar mehrere kleine Ausbrüche gegeben, bei denen der Vulkan Dämpfe, Gase, Asche und Felsbrocken gespuckt hat. Ich konnte Manam nicht lange betrachten, denn eine riesige Wolkenbank schob sich an Karkar heran und quoll über den Kraterrand bis zum Boden hinunter. Als wir den Rückweg ins Lager antraten, waren wir in Nebel eingehüllt.

Nachdem wir vom Kraterrand abgestiegen waren, verbrachten wir einige Tage in einem Haus an der Küste, ordneten die gesammelten Exemplare und schrieben unsere Notizen ins reine. Ich weiß noch, wie ich eines Tages durchs Zimmer ging und mich nicht ganz sicher auf den Beinen fühlte, was ich einem leichten Sonnenstich zuschrieb. Als uns am nächsten Tag ein Regierungsbeamter besuchte, erkundigte er sich, ob wir den *guria* oder leichten Erdstoß bemerkt hätten; daraufhin wurde mir klar, daß ich einen Beweis für Karkars fortgesetzte Tätigkeit gespürt hatte.

Die bewaldeten Inselvulkane Neuguineas, die Hunderte von Metern über dem Meeresspiegel aufragen, werden im allgemeinen für ganz andere Gebilde gehalten als die Koralleninseln und -atolle, die normalerweise nicht mehr als Ringe oder Hufeisen aus Sand darstellen, die eine Lagune umschließen. Dieser Unterschied existiert jedoch nur scheinbar, denn viele Koralleninseln waren einst Vulkane. Der erste Forscher, der zu dieser Erkenntnis gelangte, war Charles Darwin, der während seiner an Bord der *Beagle* unternommenen Weltreise mehrere Korallenatolle auf offener See untersuchte. Da er wußte, daß Korallen normalerweise nur in seichtem Wasser gedeihen, äußerte er die Ansicht, Korallenatolle in tiefer See seien ursprünglich als Saumriffe von Inselvulkanen entstanden. Als die Inseln unter den Meeresspiegel sanken – wahrscheinlich als Folge unterirdischer Verschiebungen –, wurden sie ganz von Korallen überwachsen. Die Vulkane sanken immer tiefer, aber die Korallen wuchsen entsprechend schnell und blieben an der Oberfläche. Die Existenz solcher vulkanischer Fundamente ist auf einigen Atollen durch Tiefenbohrungen nachgewiesen worden.

Koralleninseln können verschiedene Formen haben: von winzigen Plattformen ohne Erdreich oder Vegetation bis hin zu märchenhaften Robinsoninseln. Die Trobriand Islands, eine Gruppe von nur etwa 20 Meter hohen Korallenterrassen, die ungefähr 150 Kilometer vor der Ostspitze Neuguineas liegen, scheinen ideale Trauminseln zu sein: dort gibt es Palmen, schilfgedeckte Hütten, Auslegerkanus, schöne Mädchen, Korallenriffe, lange Strände und reiche Fischgründe. Aber das Inselinnere jenseits der Dörfer sieht anders aus. Der Wald ist spärlich und verkümmert, weil die dünne Humusdecke nicht viele große Bäume ernähren kann. Die trotzdem wachsenden Bäume sind meistens knorrig und verdreht, und es gibt dort dichtes Unterholz aus niedrigen Büschen und etwa drei Meter hohen Jungbäumen. In diesem Gelände kommt man nur schwer voran und stolpert oft über spitze Korallenfelsen, die einem die Haut aufschürfen und die Stiefel zerreißen.

Aber obwohl die Vegetation kümmerlich wirkt, wimmelt es dort von Tieren. Ich habe noch nie so viele Edelpapageien wie auf diesen Inseln gesehen. Sie sitzen meistens paarweise in den Baumwipfeln und kreischen ununterbrochen so laut und schrill, als seien alle anderen Lebewesen hinter ihnen her. Mehrmals habe ich auch Buntwarane beobachtet, die zu den größten Echsen Neuguineas gehören. Diese Reptilien werden bis zu 2 Meter lang und haben wie alle Warane scharfe Zähne und Krallen. Ein Buntwaran, der sich eben gehäutet hat, ist besonders attraktiv: tiefschwarz mit kleinen gelben Flecken. Die Inselbewohner betrachten Warane als Delikatesse und verwenden ihre Haut als Felle für ihre sanduhrförmigen Trommeln, die als *kundus* bekannt sind. Aber obwohl die Warane eifrig gejagt werden, ist ihr Bestand noch immer recht groß.

Vor den Küsten Neuguineas und den Hauptinseln des Bismarckarchipels und der Admiralitätsinseln stellen zahlreiche winzige Korallinseln ideale Nistplätze für Seevögel dar – und gelegentlich auch für Landvögel. Seeschwalben nisten dort zu Hunderten, und Ornithologen halten es für möglich, daß Tölpelkolonien und Sturmtaucher entdeckt werden, wenn erst einmal weitere dieser Inseln erforscht werden. Seemöwen gibt es in Neuguinea nur in einzelnen Exemplaren, die sich von Australien herüberverirrt haben. Ich bin auf einigen dieser Inselchen gewesen und habe Braune Tölpelseeschwalben, Schwarznacken-Seeschwalben, Braunzügel-Seeschwalben, Riffreiher und Pazifikschwalben beobachtet; letztere Art klebt ihre schüsselförmigen Schlammnester an die Unterseite von Korallenterrassen. Vor den Küsten gleiten zahllose Seevögel im Wind und tauchen auf Nahrungssuche in das klare Wasser um die Korallenriffe hinab.

Ich bin auf diesen kleinen Inseln immer sehr vorsichtig, denn dort lebt eine der Giftschlangenarten Neuguineas: die schwarz-weiß gestreifte Plattschwanzschlange, eine der wenigen Seeschlangenarten, die aus dem Wasser kommen, um zu ruhen und sich fortzupflanzen. Beim Gerätetauchen zwischen den Riffen habe ich oft Plattschwanzschlangen beobachten können. Sie kriechen in Spalten und Höhlen zwischen den Korallen und suchen kleine Aale und Riffische. Nach einiger Zeit tauchen sie zum Luftholen auf, schlängeln sich aber rasch wieder in die Tiefe und jagen weiter. Die vorgelagerten Inseln sind auch Nistplätze der Suppenschildkröte, die wie die Unechte Karettschildkröte an den Küsten Neuguineas häufig vorkommt. Die Sandstrände bieten den Schildkröten reichlich Platz für ihre Eiergelege. Auf be-

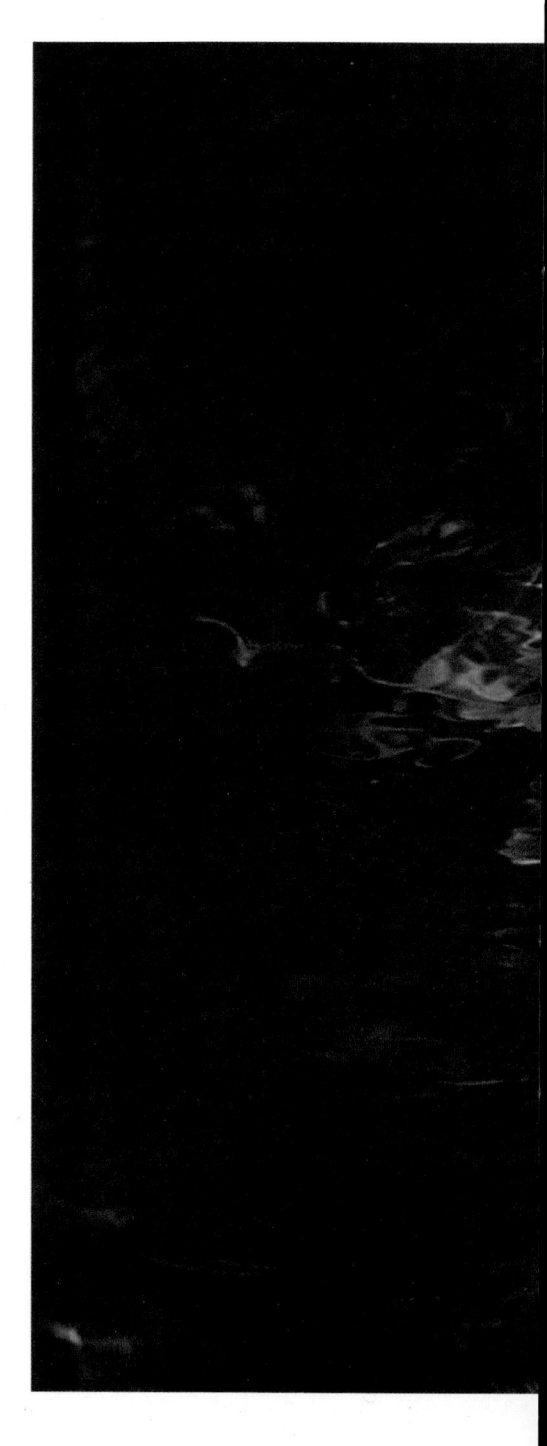

Ein Wels ist vor der Küste Neuguineas auf Nahrungssuche. Seine Bartfäden dienen als feine Fühler, die seinen schwachen Gesichtssinn ergänzen.

wohnten Inseln essen die Einheimischen Schildkröteneier, aber während sie früher nur welche für den eigenen Bedarf suchten, verkaufen sie jetzt Eier und Schildkrötenpanzer, die reißend Absatz finden. Dieser wachsende Handel dezimiert den Schildkrötenbestand erheblich.

Einige der vorgelagerten Inseln stellen sichere Nistplätze für Landvögel dar. Auf den kleinen Inseln vor Manus Island in der Gruppe der Admiralitätsinseln leben Mähnentauben: prächtige Vögel mit metallisch glänzenden grünen und grünbraunen Kragenfedern. Als ich auf Grange Island vor der Südostküste Papua-Neuguineas Vögel beobachtete, traf ich dort verschiedene Besucher an, zu denen auch der Weißkopf-Baumliest und der Australien-Bienenfresser gehörten – Vögel, die normalerweise anderswo nisten. Auf dieser Insel entdeckte ich auch nistende Muskatnuß-Fruchttauben. Sie gehören zu den einheimischen Fruchttauben, die so heißen, weil sie sich hauptsächlich von Muskatnüssen oder anderen großen Nüssen und Früchten ernähren. Muskatnußtauben sind große schwarz-weiße Vögel, die in großen Schwärmen zusammenleben. Jedes Paar bewachte ein einzelnes Ei, das auf einer Plattform aus dünnen Zweigen lag.

Nördlich von Neuguinea liegen viele Inseln, auf denen es heiße Quellen und Wasserfontänen, die Geysire, gibt. Thermalquellen und Geysire entstehen, wo Wasser mit heißem Vulkangestein in Berührung gelangt. Sie kommen gewöhnlich in Gebieten vor, in denen die Vulkantätigkeit abnimmt, und obgleich es unwahrscheinlich ist, daß sie sich in Zentren vulkanischer Aktivität verwandeln, sind sie gefährliche Forschungsobjekte.

Gebiete mit Thermalquellen bieten spezielle Lebensbedingungen für eine ganze Anzahl von Pflanzen und Tieren. Zu ihnen zählen auch die als Großfußhühner bekannten merkwürdigen Vögel, die wie Hühner und Fasanen zur Ordnung der Hühnervögel gehören. Von den Großfußhühnern sind sieben Arten bekannt: drei auf Australien beschränkte, zwei nur in Neuguinea vorkommende und zwei, deren Verbreitungsgebiet bis zu den Philippinen reicht. Sie werden gewöhnlich auch Buschhühner, Tallegallahühner und Thermometerhühner genannt. Ihre Eier brüten sie in großen Laub- und Erdhaufen aus, was harte Arbeit bedeutet, weil das Männchen einen bis zu 2,50 Meter hohen Haufen mit bis zu 10 Meter Durchmesser auftürmen muß. Über einen Zeitraum von mehreren Monaten hinweg legt das Weibchen dann in Intervallen einzelne Eier, die durch die bei der Laubkompostierung entstehende Wärme ausgebrütet werden. Je nach Tageszeit und Wetter würde die Temperatur im Inneren des Erdhaufens beträchtlich schwanken, aber das Männchen prüft sie ständig mit seiner Zunge und scharrt Erde weg oder häuft neue auf, um den Eiern eine optimale Bruttemperatur von etwa 34° Celsius zu erhalten. Das Großfußhuhn Neuguineas brütet seine Eier auf diese Weise aus, aber die auf Neubritannien, Neuirland und den Salomoninseln vorkommenden Unterarten sparen sich die Mühe, einen Erdhaufen zu bauen und seine Innentemperatur ständig zu kontrollieren. Statt dessen

Niedrige Korallenriffe säumen die Küsten von Kiriwina Island, das zu den Trobriand Islands vor der Ostspitze Neuguineas gehört. Das Inselinnere besteht aus Vulkangestein, das abgetragen wurde und im Meer versank. Auf dieser Lava-Basis wuchs ein Korallenschelf heran, und angespülter Sand und magerer Boden sammelten sich im Laufe der Zeit auf den Korallen an.

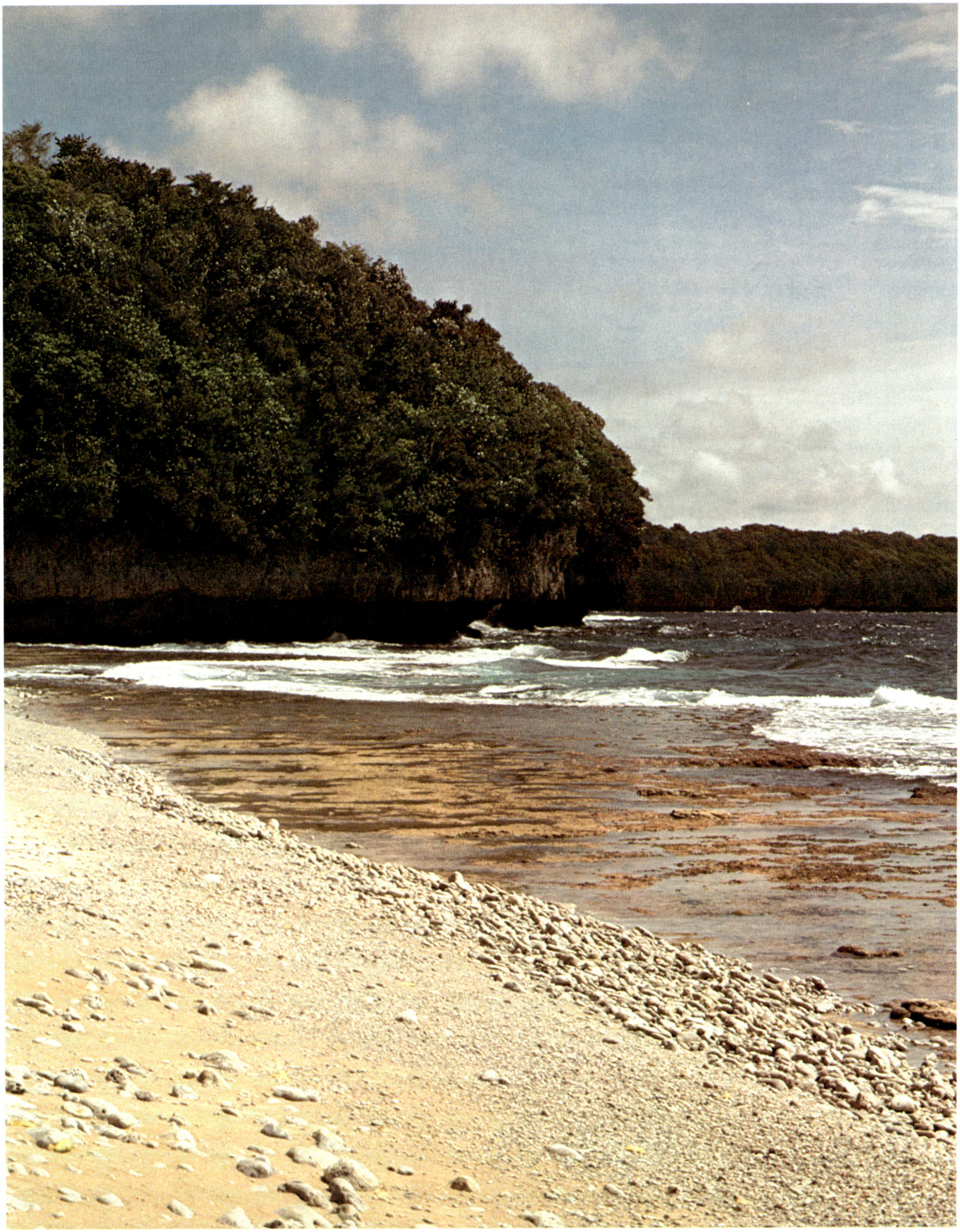

graben diese klugen Vögel bis zu einen Meter tiefe Höhlen in den warmen vulkanischen Boden, und das Weibchen legt seine Eier in die Höhle, deren Temperatur während der Brutzeit verhältnismäßig konstant bleibt.

Einige der aktivsten Thermengebiete Neuguineas liegen auf den D'Entrecasteaux Islands. Ich hatte Gelegenheit, eines davon zu besuchen, als ich gemeinsam mit mehreren Botanikern an Bord eines Regierungskutters auf einer zweiwöchigen Kreuzfahrt durch das Inselmeer war. Dieses Thermengebiet war eines der drei auf Fergusson Island, der größten Insel der Gruppe. Unser Kutter *Yelangili* ging in der Nähe des Dorfes Dei Dei vor Anker. Obwohl die Thermalquellen von dort aus in ungefähr 20 Minuten zu Fuß zu erreichen waren, entschieden wir uns dafür, einen Führer mitzunehmen, denn in diesen Gebieten besteht die ernste Gefahr, durch die dünne Sinterkruste (die um Thermalquellen entstehende Silikat- oder Kalkschicht) zu brechen und in einen kochendheißen Tümpel oder einen Felsspalt zu geraten, aus dem überhitzter Dampf zischt. Die Dorfbewohner kennen die sichersten Wege, deshalb baten wir zwei Mädchen aus Dei Dei, uns zu führen.

Wir verließen das Dorf mit seinen hübschen Palmblattdächern und folgten einem schlammigen Weg durch hüfthohes Schwertgras, das mit niedrigen Büschen und hohen Schraubenbäumen durchsetzt war. Mir fiel erst jetzt auf, wie unterschiedlich diese Bäume sein können. Die Stämme älterer Schraubenbäume ragen aus spiralförmig aufgehäuftem altem Laub auf, was ihren Namen erklärt. Bei einigen wachsen auf halber Höhe oder dicht unter der Krone dicke Stützwurzeln seitlich aus dem Stamm und reichen dann senkrecht bis zum Boden; bei anderen beginnt ein ganzer Kranz kurzer Stützwurzeln in etwa einem Meter Höhe über der Erde. Die Früchte der Schraubenbäume können alle möglichen Größen und Formen annehmen – von bananenähnlichen Schoten bis zu riesigen ananasähnlichen Früchten.

Später erreichten wir einen Wald, der hauptsächlich aus Papierrindenbäumen bestand. Die Rinde dieser Bäume läßt sich in dünnen Schichten abschälen – daher der Name –, und die an Flaschenbürsten erinnernden Blüten locken verschiedene Honigfresser an. Unterwegs hörten wir den übermütigen, glucksenden Ruf des Lederkopfvogels, der mit ungefähr 30 Zentimetern einer der größten, mit seinem stumpfbraunen Gefieder und kahlen Kopf aber einer der schmucklosesten Honigfresser ist. Ein helles Piepsen am Wegrand kam von einem winzigen Sonnenvogel-Pärchen. Das Weibchen, ein blaßgelb und olivgrün gefärbter Vogel, war sehr scheu, aber das Männchen setzte sich auf einen Zweig über uns, so daß wir sein leuchtend gelbes Gefieder und seine tiefschwarze Kehle bewundern konnten. Im Gegensatz zu Honigfressern mit ihrer charakteristischen bürstenförmigen Zunge hat der Sonnenvogel eine lange Zunge, deren Ränder beim Herausstrecken übereinanderklappen und eine Röhre bilden.

An einigen Bäumen wuchsen vereinzelt epiphytische Orchideen, aber was uns alle begeisterte, waren die vielen wunderschön rosa blühenden Orchideen

Im Thermalquellengebiet bei Pau in Westneubritannien plätschert warmes Wasser über ein Bett aus Mineralsalzen. Das Wasser kommt kochendheiß aus der Tiefe und kühlt sich an der Oberfläche ab. Die grauen Formationen im Hintergrund sind kristalline Krusten aus gelöstem Schwefel und anderen Mineralstoffen, die im Lauf der Jahre vom Wasser abgelagert worden sind.

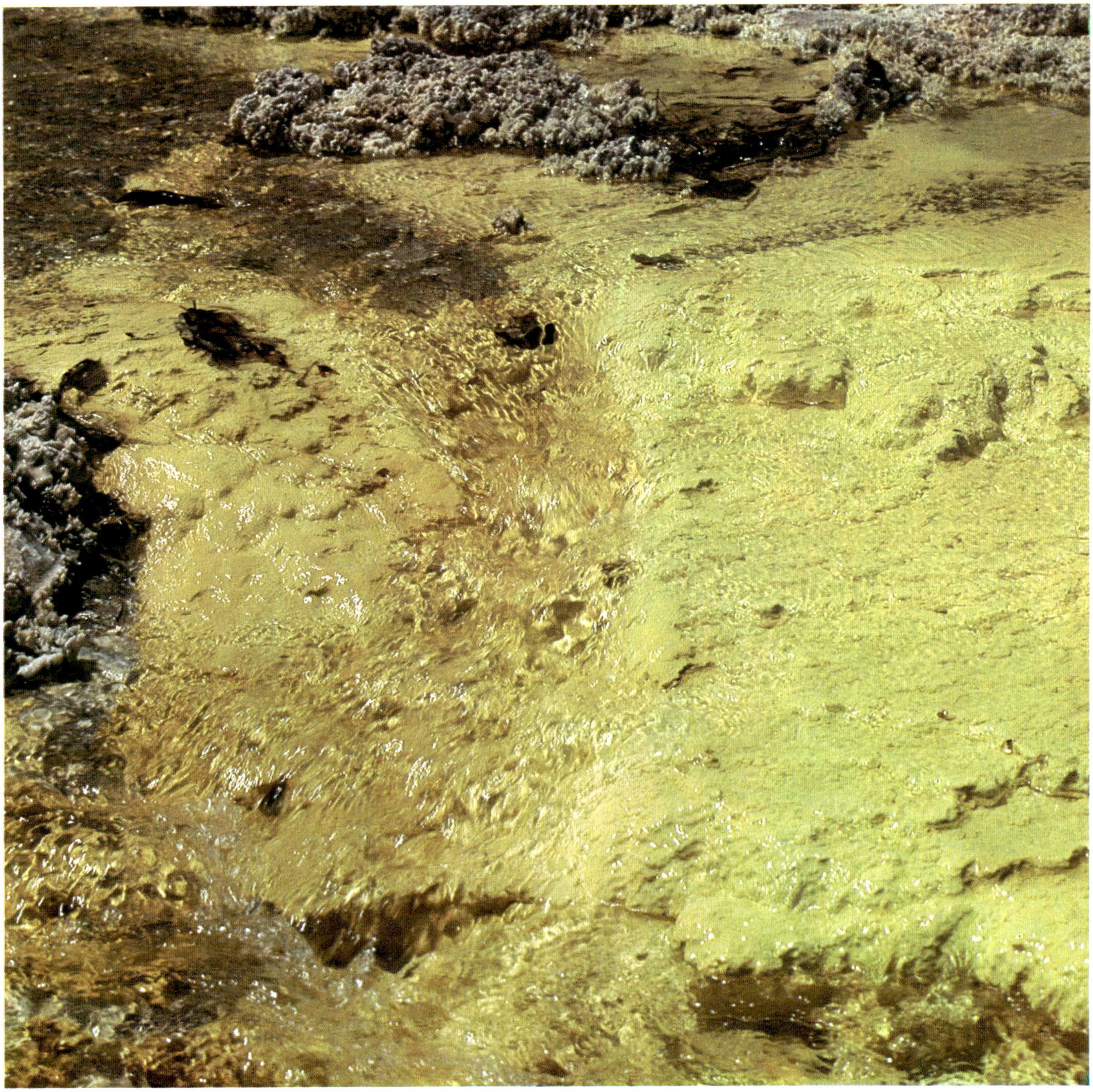

der Gattung *Spathoglottis* auf dem Waldboden. Ich hatte noch nie Exemplare dieser Orchideengattung mit so großen Blüten gesehen. Die hüfthohen Stengel trugen Blütenstände aus etwa einem Dutzend Blüten mit jeweils fünf Zentimeter Durchmesser; manche Blüten waren fast weiß, andere wiesen alle Schattierungen zwischen rosa und malvenfarben auf.

Unser Weg führte uns an ein Bachufer, wo ich aus dem Wasser aufsteigende Dampfschleier entdeckte. Wir hatten einen Bach erreicht, der aus dem Thermengebiet kam. Ein Stück weiter sah ich die erste Thermalquelle: nur ein Loch im Bachufer, aus dem heißes Wasser quoll und sich mit dem Bachwasser vermischte. Ganz in der Nähe zischte ein gleichmäßiger Dampfstrahl aus einer Erdspalte. Der Pfad endete am Fuß breiter Mineralsalzterrassen, über die langsam, aber unablässig Wasser plätscherte. Die Terrassen glichen breiten Treppenstufen mit geringer Stufenhöhe, und das über sie hinabfließende Wasser sammelte sich in einem blaßgrünen tiefen Becken. Löcher im Boden des Tümpels und daraus aufsteigende Luftblasen ließen erkennen, wo weiteres Wasser zuströmte. Dünne Dampfschleier, die schemenhaft über die Wasserfläche zogen, bewiesen uns, daß das Wasser sehr heiß war.

Von der obersten Terrasse aus betraten wir kahlen Felsgrund, aus dem Dutzende von kleinen Geysiren ihre Dampf- und Wasserstrahlen über einen Meter hoch in die Luft spuckten. Ich blieb ein Stück weit zurück, um Aufnahmen zu machen, aber unsere Führerinnen drängten zur Eile und versicherten mir, die „beste Stelle" liege noch vor uns. Ich blieb nur noch einmal stehen, als ein brodelndes Schlammloch mich an einen Topf erinnerte, in dem Schokoladenpudding gekocht wird – oder vielleicht auch an einen Hexenkessel. Bevor ich wieder zu den anderen aufschloß, ging ich über eine Mineralsalzplattform, die an vielen Stellen Sprünge aufwies. Ich sah, daß es nicht ungefährlich war, sie zu überqueren, denn einige dieser Salzablagerungen überspannten tiefe Löcher mit heißem Wasser oder Schlamm. Deshalb blieb ich danach auf dem Weg, bis wir die „beste Stelle" erreichten, die tatsächlich spektakulär war.

Eine über einen halben Hektar große Fläche war fast vollständig mit den gleichen Mineralsalzterrassen bedeckt, über die Wasser herabfloß, und wir sahen mehrere große Erdlöcher, in denen Dampfstrahlen mit einem tiefen Röhren austraten, das sich wie ein Klagelaut anhörte. Aus zwei der größten Hohlräume, an deren Rändern kristallisierte Mineralstoffe zu hohen Wällen aufgetürmt waren, stiegen in unregelmäßigen Abständen Dampf- und Wasserstrahlen mindestens acht Meter hoch in die Luft. Eine unserer Führerinnen demonstrierte uns, wie man den unter dem Namen Seuseulina bekannten größeren der beiden Geysire „herausrufen" kann. Sie blieb in der Nähe der Löcher stehen, warf einen Stein hinein und redete dem Geysir gut zu, er solle heraufkommen und uns etwas vorführen. Wir hörten ein Brodeln, aber der Dampf- und Wasserstrahl blieb aus. Das Mädchen drehte sich nach uns um und erklärte uns freundlich lächelnd, der Geysir fordere uns auf, gut hinzusehen. Als sie einen zweiten Stein hineinwarf, stieg eine Säule aus kochendem Wasser und Dampf auf, stand sekundenlang über uns, sank dann plötzlich wieder zusammen und hinterließ eine weiße Dampfwolke, die davontrieb und sich auflöste. Unsere Führerin drehte sich um, als wolle sie fragen: „Na, wie war das?", und wir versicherten ihr, wir seien entzückt.

Nachdem ich den Geysir fünf- oder sechsmal in Aktion gesehen hatte, warf ich einen Blick in ein kleines Dampfloch in der kristallisierten Oberfläche und entdeckte an seinem Rand eine prächtig entwickelte junge Kannenpflanze, deren kannenförmige Blüten kaum größer als Fingerhüte waren. Noch erstaunlicher war, daß gleich in der Nähe ein mit Blüten überladener Strauch *Melastoma* sp. wuchs.

Als wir den Rückweg antraten, sah ich mich ein letztes Mal um. Das ganze Gebiet in seiner natürlichen Buschlandumgebung vermittelte mir den Eindruck, als reagiere unsere Erde hier einige ihrer Kräfte ab, die sonst dazu dienen, ihre Kruste neu zu formen. Auf meinen Reisen durch die Inselwelt Neuguineas frage ich mich oft, wie dieser Teil der Erdkruste in ein paar Millionen Jahren aussehen wird. Viele Geologen vermuten in Inselbogen die Geburtsstätten von Kontinenten. Prallen zwei ozeanische Schollen aufeinander, wobei durch Vulkantätigkeit eine Inselkette entsteht, wird immer Andesitmagma ausgestoßen – und Andesitmagma ist der Grundstoff für das verhältnismäßig leichte Gestein, aus dem Kontinente bestehen. Während die ozeanischen Schollen ineinandergleiten, rücken die Inselbogen zusammen, wie der alte Neubritannien-Bogen vor 20 Millionen Jahren gegen das paläozoische Neuguinea gedrückt worden ist. Vielleicht verschmelzen in Hunderten von Millionen Jahren alle Inselbogen des Westpazifiks zu einer einzigen gewaltigen neuen Landmasse.

Das ist ein faszinierender Gedanke. Und ob diese Vermutung nun zutrifft oder nicht, die fortgesetzten Veränderungen der Erdkruste sind für den Menschen eine heilsame Erinnerung an seine eigene Bedeutungslosigkeit. Ein leichtes Beben, ein einziger Hauch aus den feurigen Tiefen der Erde kann eine Stadt zerstören, eine neue Insel entstehen lassen oder einen Wald vernichten. Es gibt kaum etwas anderes, das den Menschen mit solcher Hilflosigkeit erfüllt wie ein Erdbeben oder ein Vulkanausbruch. Bei solchen Gelegenheiten wird der Mensch trotz aller seiner Fähigkeiten von der Natur in seine Schranken gewiesen.

Edelsteine des Waldes

In Neuguinea sind bisher 660 Vogelarten bekannt – mehr als in ganz Europa. Und zu diesen zahlreichen Arten gehören auch die farbenprächtigsten Vögel der Welt. Einige von ihnen sind so auffallend, daß sie Namen wie Schmucksichelschwanz *(rechts)* oder Prachtfruchttaube bekommen haben. Die meisten dieser Vögel leben in den Wäldern der Tiefebenen und Mittelgebirge, wo ihre exotischen Farben wie Juwelen schimmern, wenn sie zwischen den Bäumen umherfliegen.

Die außergewöhnliche Farbenpracht dieser Vögel erfüllt mindestens zwei praktische Zwecke. Sie dient einmal der Paarung. Da die Sichtverhältnisse im Regenwald oft schlecht sind, dient die lebhafte Färbung der Vögel dazu, Artgenossen ihre Anwesenheit anzuzeigen. Eindeutige Artenerkennung ist beispielsweise für Paradiesvögel besonders wichtig. Im Gegensatz zu den meisten anderen Vögeln finden Paradiesvögel sich nicht schon vor der Paarung zu Paaren zusammen; deshalb dient das bei der Balz zur Schau gestellte Prachtgefieder der Männchen dazu, Weibchen anzulocken. „Paradiesvögel", schrieb ein europäischer Reisender 1784, „glitzern wie die nur selten zu erblickenden Bewohnerinnen eines asiatischen Harems, die in das in vielen Schattierungen schimmernde Gold der Morgenröte gekleidet sind."

Die gleichen lebhaften Farben, die als Signal wirken, dienen merkwürdigerweise auch zur Tarnung inmitten der bunten Dschungelflora. Das Prachtkleid hat also einen zweiten Zweck: Es soll verhindern helfen, daß der Vogel die Beute eines Räubers wird. Die Prachtfruchttaube ist beispielsweise durch ihre unregelmäßige Zeichnung mit gelbgrünen, orangeroten, purpurroten und schwarzen Federn wirksam getarnt, wenn sie in den Baumkronen, in denen Licht und Schatten wechseln, auf Nahrungssuche ist. Droht ihr Gefahr, bleibt sie bewegungslos sitzen, so daß ihre Farben mit den Schattierungen des Hintergrunds verschmelzen.

SCHMUCKSICHELSCHWANZ

KRAGENHOPF

Edelsteine des Waldes /173

VICTORIA-KRONTAUBE

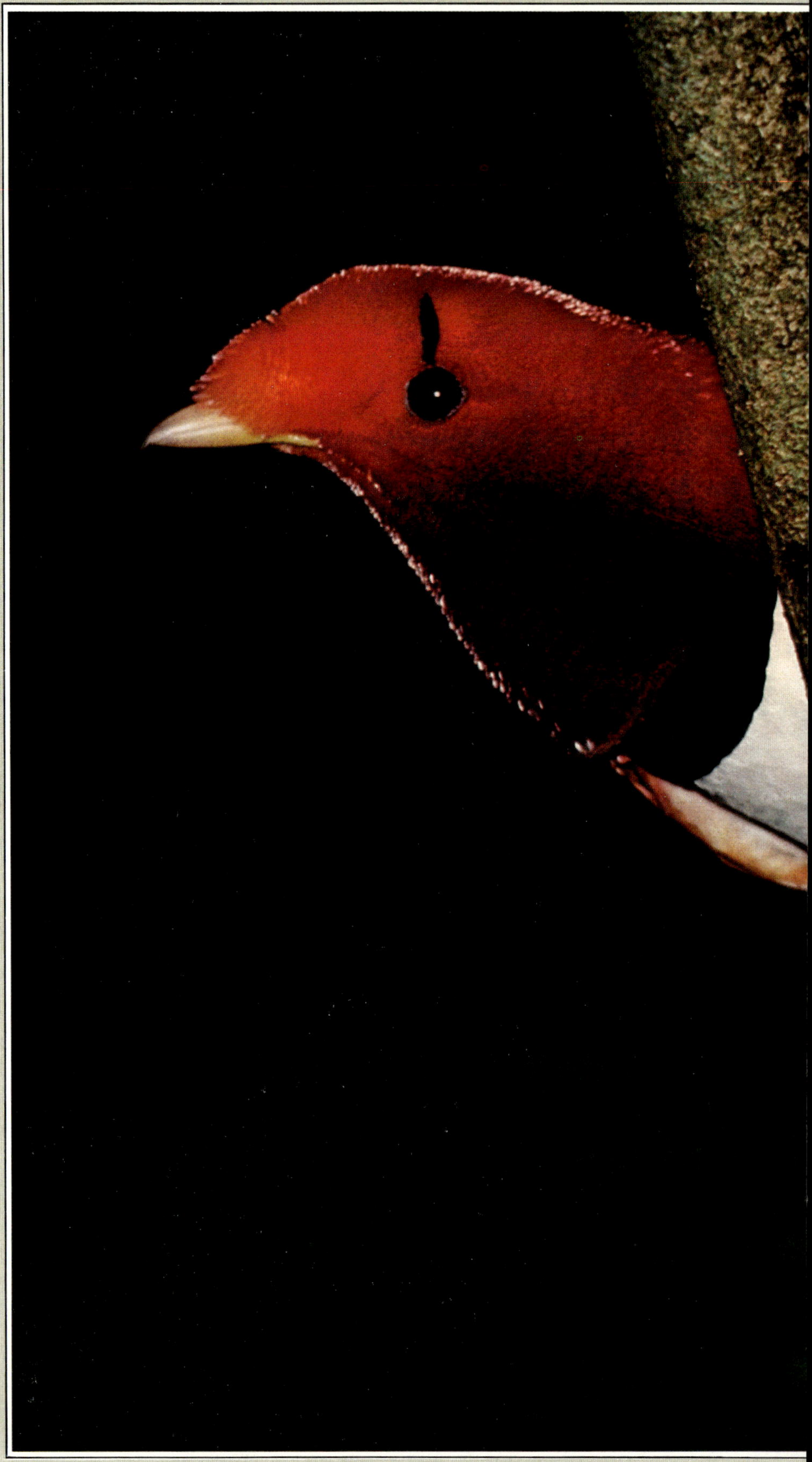

Edelsteine des Waldes /175

KÖNIGSPARADIESVOGEL

PRACHTFRUCHTTAUBE

Edelsteine des Waldes /177

SEIDENLIEST

RAGGIS GROSSER PARADIESVOGEL

Edelsteine des Waldes 179/

AUSTRALISCHER BIENENFRESSER

Bibliographie

Archbold, Richard, und Rand, A.L.: *Results of the Archbold Expeditions No. 7, Summary of the 1933–34 Papuan Expedition.* Bulletin, American Museum of Natural History, Vol. 68, Art. 8, pp. 527–579, 1935
Atlas of Papua and New Guinea. University of Papua and New Guinea and Collins, Longman, 1970
Australian Natural History, Vol. 17, No. 12, 1973
Bergman, Sten: *My Father is a Cannibal.* Robert Hale, 1961
Brookfield, H. C., und Hart, Doreen: *Melanesia.* Methuen and Co., 1971
Chalmers, James: *Pioneering in New Guinea.* The Religious Tract Society, 1887
D'Albertis, L. M.: *New Guinea: What I Did and What I Saw.* Sampson Low, Marston, Searle and Rivington, 1880
Dampier, William: *A Voyage to New Holland in the Year 1699.* Argonaut Press, 1939
Diamond, M. Jared: *Avifauna of the Eastern Highlands.* Nuttall Ornithological Club, U.S.A., 1972
Dictionary of the Generic and Family Names of Flowering Plants, New Guinea and South West Pacific Region. Botany Bulletin No. 3, Division of Botany, Lae, Papua New Guinea, 1969
Dupeyrat, André: *Papua: Beasts and Men.* Macgibbon and Kee, 1963
Ford, Edgar: *The Land and the People.* The Jacaranda Press, 1974
Ford, Edgar, Ed.: *Papua New Guinea Resource Atlas.* The Jacaranda Press, 1974
Frith, H. S.: *Waterfowl in Australia.* Angus and Robertson, 1967
Gilliard, E. T.: *Birds of Paradise and Bower Birds.* Weidenfeld and Nicolson, 1969
Hastings, P., Ed.: *Papua New Guinea – Prospero's Other Island.* Angus and Robertson, 1971
Hilder, Brett: *Navigator in the South Seas.* Percival Marshall and Co., 1961
Hides, Jack, *Beyond the Kubea.* Angus and Robertson, 1939
Hides, Jack: *Papuan Wonderland.* Angus and Robertson, 1973
Iredale, T.: *Birds of Paradise and Bower Birds.* Georgian House, 1950
Jukes, J. Beete: *Narrative of the Surveying Voyage of H.M.S. Fly During the Years 1842 to 1846.* T. and W. Boone, 1847
Kiki, Albert Maori: *Kiki, Ten thousand Years in a Lifetime.* Pall Mall Press, 1968
Lands of the Port Moresby-Kairuku Area, Papua New Guinea. Land Research Series No. 14, C.S.I.R.O., Australia, 1965
Lawson, Captain J. A.: *Wandering in the Interior of New Guinea.* Chapman and Hall, 1875
Laurie, E. M. C., und Hill, J. E.: *List of Land Mammals of New Guinea, Celebes and Adjacent Islands.* British Museum, 1954
Levi, Herbert W., und Lorna R.: *A Guide to Spiders and their Kin.* Golden Press, 1968
McCarthy, J. K.: *New Guinea.* F. W. Cheshire, 1968
McCarthy, J. K.: *New Guinea Journeys.* Robert Hale and Co., 1971
McCarthy, J. K.: *Our Nearest Neighbour.* F.W. Cheshire, 1963
McCarthy, J. K.: *Patrol into Yesterday: My New Guinea Years.* F. W. Cheshire, 1963
Meek, A. S.: *A Naturalist in Cannibal Land.* T. Fisher Unwin, 1913
Moresby, Captain John: *Discoveries and Surveys in New Guinea and the D'Entrecasteaux Islands.* John Murray, 1876
Murray, J. H. P.: *Papua or British New Guinea.* T. Fisher Unwin, 1912
Schmidt, Karl P., und Inger, Robert F.: *Living Reptiles of the World.* Doubleday and Co., 1972
Sinclair, J. P.: *Behind the Ranges.* Melbourne University Press, 1966
Souter, Gavin: *New Guinea: The Last Unknown.* Angus and Robertson, 1964
Stuart, Ian, *Port Moresby.* Pacific Publications, 1970
Rand, A. L., und Gillard, E.T.: *Handbook of New Guinea Birds.* Weidenfeld and Nicolson, 1967
Ryan, John: *The Hot Land, Focus on New Guinea.* Macmillan and Co. Ltd., 1969.
Williams, R.M.: *Stone Age Island.* Collins, 1964

Weiterführende Lektüre

Austin, O. L.: *Die Vögel der Welt.* Droemer Knaur, München, Zürich 1963
Clarke, William C.: *Place and People. An Ecology of a New Guinean Community.* Univ. of California Press, Berkeley 1971
Essai, B.: *Papua and New Guinea.* Oxford Univ. Press, Melbourne 1961
Fuhrmann, E.: *Neu-Guinea.* Folkwang, Hagen 1922
Gilliard, E. T., und Steinbacher, G.: *Vögel.* Knaurs Tierreich in Farben. Droemer Knaur, München, Zürich 1963
Grzimek, B.: *Mit Grzimek durch Australien.* Sonderausgabe, Kindler, München 1966
Grzimek, B., und Schultze-Westrum, Th.: *Unterfamilie Paradiesvögel.* in: Grzimeks Tierleben, Bd. IX, Kindler, München 1970
Hahl, A.: *Deutsch-Neuguinea.* D. Reimer, Berlin 1936
Hahl, A.: *Gouverneursjahre in Neuguinea.* Frundsberg, Berlin 1937
Keast, A.: *Australien und Ozeanien.* Droemer Knaur, München, Zürich 1967
Krause, W. von: *Junges Neuguinea. Ein Informationsbuch.* Freimund, Neuendettelsau 1970
Moszkowski, M.: *Ins unerforschte Neuguinea. Erlebnisse mit Kopfjägern und Kannibalen.* Ullstein, Berlin 1928
Rechinger, L.: *Streifzüge in Deutsch-Neu-Guinea und auf den Salomons Inseln. Eine botanische Forschungsreise von Lilly Rechinger und Karl Rechinger.* D. Reimer, Berlin 1908
Schuhmacher, E.: *Die letzten Paradiese.* Bertelsmann, Gütersloh 1966
Schultze-Westrum, Th.: *Neuguinea.* Kümmerly & Frey, München, Bern, Wien 1972
Wendland, W.: *Im Wunderland der Papuas.* Volkstum, Wehr und Wirtschaft, Berlin 1939
Wirz, P.: *Dämonen und Wilde in Neuguinea.* Strecker & Schröder, Stuttgart 1928

Danksagungen

Autor und Herausgeber sind folgenden Personen und Institutionen zu Dank verpflichtet: Tom Browne, London; Robin Cooke, Rabaul; Christopher Cooper, London; Tony und Jenny Crawford, National Cultural Council, Port Moresby; Dr. Philip Cribb, Royal Botanical Gardens, Kew; Charles Dettmer, Thames Ditton, Surrey; Max Downes, Department of Agriculture, Port Moresby; Lieutenant Commander B. Doxat-Pratt, Oxford; Julian C. Dring, British Museum (Natural History), London; John Gilbert, London; Miss A.G.C. Grandison, British Museum (Natural History), London; Richard Hills, London; Richard Humble, London; Norman H. Kolpas, London; Martin Leighton, London; Tony Long, Amsterdam; Mrs. Margaret Mackay, Port Moresby; C. McCarthy, British Museum (Natural History), London; Tony Matthews, Papua New Guinea Recruitment Office, London; Dr. Menzies, University of Papua New Guinea, Port Moresby; Mrs. Andrée Millar, University of Papua New Guinea, Port Moresby; Russell Miller, London; Geoffrey Palmer, East Grinstead, Sussex; Fred Parker, Department of Agriculture, Port Moresby; Roger Perry, Bradfield St. George, Suffolk; Professor P. W. Richards, University College of North Wales, Bangor; G. Strehler, Department of Forests, Boroko; R. T. Thompson, British Museum (Natural History), London; F. R. Wanless, British Museum (Natural History), London; Kevin White, Department of Agriculture, Port Moresby; Richard Zweifel, American Museum of Natural History, New York. The Zoological Society of London.

Quellennachweis der Abbildungen

Die Quellen der Abbildungen sind von links nach rechts durch Kommata, von oben nach unten durch Gedankenstriche getrennt.

Alle Photos sind von Eric Lindgren von Ardea, London, mit Ausnahme von: Einband – Brian J. Coates von Bruce Coleman Ltd., London. Vorderes Vorsatzblatt 3, Seite 1 – P. und G. Bowater. 2, 3 – Brian J. Coates von Bruce Coleman Ltd. 6, 7 – Harvey Sample von Robert Harding Associates, London. 8, 9 – Joan Yates von Photographic Library of Australia. 10, 11 – Dr. Andrew und Dr. Judy Pybus. 12, 13 – Dr. Stephen Frankel. 24 – W. R. Taylor von Ardea. 28 – W. S. Peckover. 34 – Dr. Philip Cribb. 45 – Brian J. Coates von Bruce Coleman Ltd. 46 – Jerry W. Leach. 47 bis 49 – Thomas W. Davies. 54, 55 – Rev. Canon N. Crutwell. 58, 59 – *Monograph of the Paradiseidae,* 1891–98, von R. Bowdler Sharpe. Eileen Tweedy mit Genehmigung der Zoological Society of London. 61 – Bob Mitton. 62, 63 – Andrew J. Molyneux. 69 und 70 – J. N. Grant. 71 – Dr. D. R. Harris von Robert Harding Associates. 72, 73 – Thomas W. Davies. 75 – Brian J. Coates von Bruce Coleman Ltd. 76, 77 – A. Eddy von Natural Science Photos, London. 80 – Brian J. Coates von Bruce Coleman Ltd. 82 – Bill Leimbach von Robert Harding Associates. 84, 85 – Ben Cropp Productions Pty. Ltd. 99 (links oben) – Roy Mackay. 108 bis 111 – Brian J. Coates von Bruce Coleman Ltd. 116 – Brian J. Coates von Bruce Coleman Ltd. 123 – Roy D. Mackay. 124 – Thomas W. Davies. 125 – Hans und Judy Beste. 126 – Thomas W. Davies. 128 – Thomas W. Davies. 129 – K. Switak von Natural History Photographic Agency, Westerham, Kent. 136 – Hans und Judy Beste. 138 – Roy D. Mackay. 140 – Hans und Judy Beste. 146 bis 153 – *New Guinea,* 1880, von L. M. D'Albertis. Mit Genehmigung der Royal Geographical Society, London. 156, 157 – N. G. Bishop. 160 – Brian J. Coates von Bruce Coleman Ltd. 165 – Jerry W. Leach. 171 – Brian J. Coates von Bruce Coleman Ltd. 172 – Thomas W. Davies. 173 bis 175 – Brian J. Coates von Bruce Coleman Ltd. 176 – Hans und Judy Beste von Ardea. 179 – M. Morcombe von Natural History Photographic Agency.

Register

Kursiv gedruckte Zahlen verweisen auf ein Photo oder eine Zeichnung zu dem betreffenden Stichwort.

A

Aale, 66
Adelbert Range, 53–54
Adler: *Harpyopsis, 148;* Keilschwanz- 140; See-, 140–141
Admiralitätsinseln, 162
Akanthusgewächse, *108*
Albert Edward, Mount, 60–62
Alice (Fluß), 146
Ameisenpflanze *(Hydnophytum), 101*
Amorphophallus campanulatus, 94–95
Andesit, 156
Äquator, 24–25, 68
Astrolabe Range, 26, 92, 97, 137
Australien, 21–22, 26–28, 31–33, 80, 94, 97, 138, 158, 162
Australien-Löffler, *140*

B

Bagana (Vulkan), *8–9*
Baiyer River Valley, *23*
Balimo-Lagune, 88
Bambus, 25, 107; *Nastus productus,* 62
Bandikuts, 28, 108–109, 137
Barakiwa, 90
Barramunda, 86
Begonien, 90
Bensbach Plains, 138–139, 141
Beringstraße, 33
Beutelmarder, 28
Beutelmäuse, 28, 136–137
Beuteltiere, 26–28, 33. *Siehe auch* Bandikuts; Beutelmarder; Beutelmäuse; Kängurubs; Kuskus(se); Opossum(s); Wallabys
Bienenfresser, Australische *(Merops ornatus),* 94, 164, *179*
Big Wau Creek, *72–73*
Bismarck Range, *63,* 71
Bismarckarchipel, 162
Bismarcksee, 78
Blanche Bay, 154–155
Blatthühnchen, 88
Blauflügel-Kookaburras, 133
Blumen und Pflanzen, 24–26, 33, *34–35,* 36, 54, 62, *94–95. Siehe auch* Begonien; Helikonien; Orchideen
Blutegel, 65, 117
Bola-(Lasso-)Spinne, 38, *44*
Bootless Bay, 98
Boroko-Gummibaum, 93
Bougainville, 21, 30, 156, 158
Brahminenmilan *(Haliastur indus),* 97, 140
Brolgas (Kraniche), 140
Buchen, 25; Süd- *(Nothofagus),* 60, 62
Buntbarsch, 91
Buntreiher, 141
Buschgrille, *80*
Buschkänguruh, *149*
Buschmilben, 117
Bussarde, 97

C

Calamus (Kletterpalme), 106
Carstensz Toppen (Berggipfel), 24
Central District, 98
Chambri Lakes, *6–7*
Chimbu District, 65
Cleland, Sir Donald und Lady, 22
Clematis, 100
Cromwell Range, 53

D

D'Albertis-Kletterpflanze, 89, 106, 118
D'Albertis, Luigi, 37, 89, 146, *148*–152
Dampier, Williams, 154
Darnley Island, *151*
Darwin, Charles, 161
Dayman Range, *55*
Delphine, 28, 158
D'Entrecasteaux Islands, 56, 166
Drosseln, 104, 106, 118
Dugong, 28
Dupeyrat, André, 132

E

Echsen, 104, 106, 114, 117, 119, 137; Bindenwaran, 144; Winkelkopf-Agame, *130–131. Siehe auch* Skinke; Warane
Ei Creek, 90–91
Eichen: *Castanopsis,* 25, 60; *Lithocarpus,* 102
Eisvögel, 109, 112; Hakenliest, 109, 112; Seidenliest, *177;* Weißkopf-Baumliest, 164
Era (Fluß), 142
Erdbeben, 28, 30, 154
Eukalyptusbäume, 93, 94
Eulen, 120; Dunkle Schleier-, *124;* Schleier-, 136

F

Fächerschwänze, 104, 106, 118
Falter, 28, 79 109; Australischer Riesenspinner, 28
Farne, *Tectaria, 102*
Fasan-Sporenkuckuck, 141
Fergusson Island, 56, 166
Finisterre Range, 53
Fisch(e), 28, 86, 88, 90–91; Barramunda 86; Regenbogen-, 90; Schützen-, 145; Wels, *163*
Fledermäuse, 28, 33, 65, 80, 101, 120; Röhrennasen-Flughund, *120–121*
Fliegenschnäpper, 103, 106; Fluß-, 97; Ruheloser, 24
Flötenweihe, 88
Flüsse, *23,* 24, 26, 30, 33–37, 53–54, 57, 66, 71, *70–77,* 78–83, 88, 90, 92. *Siehe auch* Eigennamen einzelner Flüsse
Fly River, 24, 68, 78–83, 86–87, 90, 107, 139, 141, 146, *147*
Frosch, 79–80, 86; Baum-, 80; Baum-, grüner, 80, *126–127;* Erd- *(Rana daemeli), 98,* 99; Erd- *(Rana arfaki),* 99; Zweifels-, 79–80

G

Garnelen, 91
Gebirge, 22, 24–25, 31, 52–54. *Siehe auch* Eigennamen einzelner Gipfel und Gebirgszüge
Gebirgsloris, 135
Geckos, 65, 79; Südsee-, *115*
Geißelspinnen, 66
Gelbbrust-Australschnäpper, 135
Geologie, 30–33, 36, 54, 155, 158, 169
Geysire, 164, 168–169
Goldie River, 92, 102
Golf von Papua, 78, 87, 107, 146
Golgubip, 78–80
Gondwanaland, 33
Grasland, *18–19, 55,* 57, 60, 92
Great Papuan Plateau, 107
Greisenbart-Flechte *(Usnea),* 99
Grillen, 79, 107, 108, 112
Großfußhühner, 164–166
Gum Gorge, 82

H

Hagen, Mount, 67
Hart, W., 58
Hawain River, 68, *76–77*
Helikonien, *103*
Hides, Jack, 37, 87
Highlands: Southern, 53, 66–67; Western, 67, 83
Hindenburg-Wand, 78, 80
Hirsch(e), 36, 139; Rusa-, 139
Hiwick, Mount, 92
Höhlen, 65, 66, 160

Hombrom Bluff, 92
Honigfresser, 86, 106, 118, 119
Hundertfüßler, 66, 119; *Scutigera,* 65–66, 98
Huon-Halbinsel, 53, 54, 56

I

Imata Ridge, 92, 102, 104
Imperata (Schwertgras), 92
Insekten, 28, 33, 38, 57, 66, 88, 90, 94, 95, 96, 104, 106, 117, 119

J

Jimi River, 26, *71*
Jukes, J. Beete, 78

K

Käfer, 65, 79, 90, 101, 103
Kaindi, Mount, *72–73*
Kakadus, 104, 116, 144–145
Känguruhs: Baum-, 28, 56, *107;* Busch-, *149;* Matschie-Baum-, 56
Karimui, Mount, *4–5*
Karius Range, *69*
Karkar Island, 158–161
Kasuare, 83, 114, *116*
Kemp Welch River, 100
Kikori (Fluß), 88, 142
Kiunga, 82–83
Kleinlibellen, *28*
Kloakentiere, 28
Koiari (Eingeborenenstamm), 103
Kokoda Trail, 92, 100, 102–103
Koniferen *(Podocarpus),* 60, 62
Korallen, 54
Koralleninseln, 161–162
Korallenriff, *164–165*
Kormorane, 88, 141
Koroba, 54
Krabben, 28, 91; Winker-, 142–144, *145*
Kraniche, Australische (Brolgas), 140
Krokodile, 83, *84–85,* 86, 91, 114, 142
Kuckuckskauz, 108, *125,* 136
Kuskus(se), 28, 107; Federschwänziger Phalanger, *149;* Flecken-, 120, *122–123;* Gleichfarben-, 120, *122–123*

L

Lagunen, 88
Lake District, 88
Lake Murray, *82,* 83, *86–87*
Laloki River, 92–93, 95, 102
Lamington, Mount, 156, 158
Langschnabeligel *(Zaglossus bruijni),* 27, 28, 60–61

Laportea (Brennesselbaum), 103
Laubenvogel, -vögel, Becks, 54; Graukopf, 133, *134–135*
Lawes, Mount, 133
Lawson, Captain J.A., 106
Leuchtkäfer, 99
Lianen, 106, 107
Libellen, 90
Lindgren, Eric, 92, 97, 99, 103
Little Mount Lawes, 133, 135, *143*
Loloipa-Tal, 57
Lotos, orientalischer (oder heiliger), *82*
Lyall, David, 87

M

McFarlane, Rev. S., 20
McGregor, Sir William, 25
Madang, 30
Magellanes, Fernando de, 20
Manam (Inselvulkan), 30–31, 161
Mann, Sir Allan, 22
Markham (Fluß), 53–54
Matupit (Vulkan), 154–156, *157*
Mauersegler, 97
Meek, A.S., 37
Melaleuca (Papierrindenbaum), 26
Merauke River, 139
Morobe District, 64

N

Nashornvögel, 114
Nebire, Mount, 92, *93*
Neubritannien, 21, 30, 33, 154, 164
Neuguinea: Eingeborene, 20–21, 22, 25, 79, 148–152, 159; Erforscher, frühe, 36–37; Erscheinungsformen, geographische *18–19,* 20–22, 25, 31, 57; Gebirge, 22, 24–25, 31, 52–54; Geschichte, geologische, 31–33; Grasland, *18–19, 55,* 57, 60, 92; Klima, 24–25, 68, 78, 132–133, 137–141, 152, 160; Kolonie, deutsche, 21; Kolonie, englische, 21; Savanne, 92, 94, 98, 132–133, 135–139; Vegetation, 25, 103–104, *108,* 109, *110–111,* 114 (siehe auch Regenwälder; Wälder); Veränderungen, geologische, 36, 54, 155–158; Vulkane, *8–9, 18–19,* 30–33, 154–161, 164
Neuguinea-Lederkopf *(Philomen novaeguineae),* 100, 133, 166
Neuirland, 21, 30, 33, 164
Neva (Schiff), 146, *147,* 152, *153*
Niederschläge, 24–25, 68, 78, 137–141, 152, 160
Nomad River, *71,* 107–108, 114, 117–118

Normanby Island, 56
Nuguria-Atoll, *2–3*

O

Obree, Mount, 52
Okaribaum *(Terminalia kaernbachii),* 101
Olsobip, 80–82
Opossum(s): Ringelschwanz-Kletterbeutler, 28, 107, 108; Streifen-Kuskus *(Dactylopsila trivirgata),* 99
Orchideen, 26, *34–35, 38–39,* 56–57, 114, 118, 144, 168; *Bulbophyllum grandiflorum,* 144; *Dendrobium smilliae,* 144; Frauenschuh- *(Paphiopedilum),* 56–57; Kirschen-, *35;* Sepik-River-Blau-, *34; Spathoglottis,* 168; *Vandopsis,* 26
Owen Stanley Range, 25, 52, 54, 57, 92, *100,* 102
Ower's Corner, 92, 100, 101–104

P

Papageien, 81, 107, 116, 144
Papierrindenbäume, 166
Papua, Golf von, 78, 87, 107, 146
Papuadorf, 150–151
Papua-Neuguinea, Karte *18–19,* 21–22, *23,* 24, 30, 37, 48, 53–54, *55,* 60, *63,* 64–65, 67–68, *69–75,* 78–79, 83, *84–85,* 88, 92, 97–98, 101, 109, 112, 114, 116, 118–119, 138, 141, 155, 157
Paradiesvogel, -vögel, 20–22, 26, 54–56, *58–59,* 60, 107, 116–117, 170; blauer, *58;* D'Albertis' Sichelschnabel, *58;* Goldies, 56; Königs-, *175;* Langschwanz-Sichelschnabel, *59,* 60; Prinzessin-Stephanie, *58,* 60; Raggis Großer, 100, *178;* Strahlen-, 54–56, 148; weißer, *59;* Wimpelträger, *59;* Zwölffädiger, *59*
Plattwurm, 112
Popo (Dorf), 36
Popondetta, 30, 52–53
Port Moresby, 24, 26, 28, 52–53, 64, 65, 90, 92, 94, 98, 104, 118, 132–133, 137–138, 158
Prachtfruchttaube, 170, *176*
Puncak Mandala (Gebirge), 53
Purari (Fluß), *Vorsatzblätter 1–2,* 30, *74–75,* 79, 88, 141–142
Purari-Delta, 142
Pythons: Amethystschlange, *136;* Boelens, 61; grüner, 109; Rautenschlange, 136; Smaragd-, 120, *128*

Q

Quellen, heiße, 164, 166, 168–169

R

Rabaul, 154–155
Ramu (Fluß), 53, 54, 141–142
Raupenfresser, 106, 135
Rawlinson Range, 53
Redscar Bay, 98
Regenwälder, *18–19,* 22, 38, 56–57, 60, 92, 97, *100,* 103–104, *105,* 106–107, *108,* 109, *110–111,* 114, 118–120, 132–133; allgemeine Beschreibung, 22, 60, 92, 103–104; Fauna, 106–107, 120; Insekten, 38, *39,* 44, 49, *50–51;* Vegetation, 103–104, *108,* 109, *110–111,* 114
Reptilien, 28, 36, 137, 142. *Siehe auch* Echsen; Geckos; Krokodile; Schlangen; Skinke; Warane
Rhododendren, 26; Malabar- *(Melastoma malabathricum),* 104
Riesenschwalm, 86
Rothschild, Lord, 37
Rouna Falls, 64, 95, *96,* 97
Rouna Valley, 92–93, 98
Rubiaceae, 102
Rüsselkäfer, gestreifter, *56*

S

Sagopalmen, *110–111*
Salomoninseln, 30, 97
Salvadori-Enten, 62
Saruwaged Range, 53
Savannen, 92, 94, 98, 132–133, 135–139
Schaben, 65
Schädel, „musikalische", *151*
Schildkröten: Kurzhals-, 91; Neuguinea-Schnapper-, *89;* Papua-Weich-, 89–90; Suppen-, 89, 162; Unechte Karett-, 162–164
Schirmbaum *(Schefflera actinophylla),* 95
Schlangen, 61, 86, 106, 119, 137, 160; Javanische Warzen-, 86; Nachtbaumnatter, 120, *129;* Schiefergraue Wassernatter, 160; schwarze Peitschennatter, 137; schwarz-weiß gestreifte Plattschwanz-, 162; Taipan, *137–138. Siehe auch* Pythons
Schmetterlinge, 28, 81, 97, 119; Gattung *Catopsilia,* 81; Gras- *(Eurema hecabe), 97; Ornithoptera alexandrea,* 28
Schmetterlingserbsenranke *(Clitoria ternatea), 94*
Schnecken, *99*
Schollentektonik, 31–33, 54

Schraubenbäume, 166
Schwalbenstar, 140
Schwebfliegen (Syrphidae), *96*
Scutigera (Spinnenläufer), 65–66, *98*
Seerosen, 83, 88
Sepik River, 35, 68, 78, 141–142
Sharpe, R.B., 58
Silberreiher, 141
Sisa, Mount, *71*
Skinke, 57, 81, 101; Blauschwanz-, Schlank-, polynesischer, *161;* gepanzerter Stachelschwanz-, 159; Schlangenaugen-, *96–97*
Sogeri Plateau, 92, 100
Sonnenvogel, 166
Souter, Gavin, 52
Sperber, 97
Spinnen, 38, 65, 79, 99, 100; Bola- oder Lasso-, *44; Cyrtophora, 48–49;* Flechten-, *42–43;* Krabben-, 38, *39; Nephila maculata* (goldene Radspinne), 38, *46–47;* Rad-, *44;* Salticidae (Springspinne), 38, *40–41;* St. Andrew-Kreuz-, *45;* Sparassiden, 38; Stachel-, *50–51;* Vogel-, 79
Stabheuschrecken, 119
Stämme und Gebräuche, 79, 148–152, **159**
Stammesfehden, 148
Star Mountains, 53
Sträucher, 62
Strickland (Fluß), 24, 37, 83, 86–87
Sulawesi, 36
Sümpfe, 62, 132, 139–145

T

Tagari River, 66–67
Tapini, 57
Tauben: Kron-, 83, 114; Mähnen-, 164; Muskatnuß-, 164; Victoria-Kron-, *173*
Tausendfüßler, 112, *113,* 119
Themeda (Schwertgras), 92
Thermalquellen, bei Pau, *166–167. Siehe auch* Geysire
Todesotter, 159–160
Torres-Straße, 138
Trappen, Australische, 140
Tring Museum, 37
Trobriand Islands, 161–162

U

Uberi Bluff, 102–104, *105*

V

Vailala (Dorf), 36
Vaimauri River, 136
Varirata Escarpment (Astrolabe Range), 64, 92, 98, 100
Victor Emanuel Mountains, 146
Vögel, 20–22, 26, 33, 37, 54, 56, 57, *58–59,* 60, 62, 81, 83, 86, 88, *93, 94,* 97, 99–100, 103–104, 106–108, 109, 112, 114, 116–120, 132–133, 135–137, 140–142, 162, 164, 166, 170, *171–179*
Vogelkop-Halbinsel, 22
Vulcan Island, 154, 156, 164
Vulkane, *8–9, 18–19,* 30–33, 154–161, 164

W

Wälder, *18–19,* 22, 25, 28, 38, 56–57, 60–62, 92, 97–98, 100–101, 118, 120, 132–145, 148; Bambus-, 25, 62; Mittelgebirgs-, *18–19,* 60, 61, 83, 102; Nebel-, *10–11, 18–19,* 62. *Siehe auch* Regenwälder
Wale, 28
Wallabys, 28, 83, 109, 133; Berg-, *61;* Papua-Sand-, 135, 139
Wallace, Alfred Russel, 36
Warane: Binden-, 144; Bunt-, 162; Goulds-, 139
Wasserfälle, *Vorsatzblatt 3 – Seite 1,* 64, 93–94, 95–96
Weber, Max, 36
Weißköpfige Stelzenläufer, *93*
Welse, *163*
Wespen, 117; *Ichneumonidae,* 103
West Sepik District, 118
Western Highlands, 67, 83
West-Irian, 22, 24, 53, 78, 139
Wewak, 30, *76–77*
Wildhunde, 139
Wilhelm, Mount, 24, *63*
Winkelkopf-Agame, *130–131*
Wok Feneng, 78
Würmer, 90

Y

Yuat River, 26
Yule Island, 146, 148, 149
Yule, Mount, 64

Z

Ziegenmelker, 137; Großschwänziger *(Caprimulgus macrurus),* 99–100, 137
Zykas *(Cycas circinalis),* 94

Neuguinea

9783765429507.3